초등학교 수학, 어떻게 가르치지?

김리나 · 릴리 R. 알버트 지음

KM 경문사

서문

이 책은 사회·문화적 배경과 경험이 다른 2명의 연구자가 진행한 공동연구의 산물이다. 미국과 한국이라는 전혀 다른 사회에서 살아가던 두 연구자는 '한국 초등학교 교사의 수학 교수를 위한 지식은 무엇인가'라는 공통된 관심사로 인해 함께 연구를 시작하게 되었다. 연구를 시작할 때, 우리는 서로 다른 사회·문화적 배경을 가졌더라도 공통의 관심사가 존재한다면 토론과 협업을 통해 새로운 관점을 도출해낼 수 있다는 강력한 믿음이 있었다. 이러한 믿음으로 우리는 긴 여정을 시작하였고, 그 여정의 끝에 이 책을 출판할 수 있게 되었다. 우리는 이 연구의 결과물뿐만 아니라 언어와 사회·문화적 관점의 차이를 넘어 2명의 연구자가 함께 일하는 과정 그 자체로 학계에 의미 있는 시사점을 주고 싶었다.

우리의 연구는 이미 미국에서 《Mathematics Teaching and Learning: South Korean Elementary Teachers' Mathematical Knowledge for Teaching》이라는 이름으로 출간되었고, 이 책은 미국에서 출판된 서적의 번역본이다. 그러나 이 책은 원본을 번역했다기보다, 한국 독자들의 이해를 돕도록 원본의 많은 부분을 새로 집필하였고, 불필요한 부분은 생략하기도 하였다. 이 책을 출판하면서 우리는 연구에 참여해 준 여러 한국 초등학교 교사들과, 연구 조교들 그리고 보스턴대학교 안과 밖의 여러 동료들과 친구들에게 감사의 인사를 하고 싶다. 특히 메건 도그, 주디 김, 사만다 코댁 그리고 발레리 스펜서의 도움에 감사드리며, 김리나 박사의 가족인 김환곤, 양명숙, 김종학, 김종무의 지지와 사랑에도 깊은 고마움의 인사를 전하고 싶다. 우리의 긴 여정을 묵묵히 응원해준 가족과 친구들이 함께 한다는 것은 크나큰 행운이다. 마지막으로 한국의 좋은 연구 동료이자 멘토인 서울교육대학교의 신항균 교수님께 감사의 인사를 전하는 바이다.

초록

이 책은 한국 초등학교 교사의 수학 교수를 위한 지식에 관한 연구의 내용과 결과를 담고 있다. 본 연구의 목적은 한국 초등학교 교사의 수학 교수를 위한 지식의 실체와 범주들을 규명하는 것이었다. 우리의 연구는 한국 교육 현장에 대한 이해를 토대로, 사회·문화적 맥락 속에서 교사들의 지식이 어떻게 수학 수업에 작용하는가를 이해하는 데 주안점을 주었다. 특히, 조사 결과 중 교사의 지식의 구성과 적용에 있어 한국의 국가 수준 교육과정과 학생들의 선행학습의 역할이 크다는 것은 놀라운 발견이었다. 이 책을 통해, 국가 수준 교육과정과 학생들의 선행학습이 교사가 지식을 적용하는 데 어떠한 영향을 미쳤는지에 대한 논의가 제공될 예정이다. 특히 여러 사례들을 통해 교육과정이 수업을 계획하고 진행하는 데 있어 중추적인 역할을 한다는 점을 보여줄 것이다. 또 연구에 참여한 교사들의 면담 내용을 통해, 국가 수준 수학 교육과정에 대한 그들의 관점도 제시할 것이다.

본 연구에 있어 이론적·개념적 틀은 내용을 설계하고 데이터를 분석하는 지침을 제공해주었다. 특히 이론적 틀에 있어 비고츠키의 사회·문화적 관점은 수학 교수·학습에 있어 언어와 의사소통의 역할을 이해하는 데 바탕을 제공하였고, 한국 초등학교 교사들의 수학 교수를 위한 지식이 그들의 언어 사용을 통해 수업에 적용된다는 가설을 세우는 데 결정적 역할을 하였다. 반면 개념적 틀은 본 연구의 자료들이 어떻게 분석되는지를 보여줄 뿐만 아니라, 교사의 수학 교수를 위한 지식과 관련된 다양한 요소들의 관계를 나타내준다. 또한 큰 맥락에서 개념적 틀은 슐만, 볼, 힐, 마와 같은 교사 지식 연구의 선구자들의 영향도 담고 있다.

본 연구는 다중 사례 연구 방법, 사회언어학적 분석 방법, 토대이론을 적용하여 11명의 한국 교사의 수업과 지도안, 그리고 면담 자료를 수집하고 분석하였다. 특히 토대이론의 적용을 통해 수학 교수학적 내용 지식과 수학 교육과정 지식, 수학 학습자 지식, 기초 수학 개념 지식, 수학 교수학적 절차 지식 등과 같은 지식의 다른 하위 범주들 간의 관계와 상호 간의 영향에 대한 다층적인 모델을 개발하였다. 이러한 모델의 예시와 지식의 각 하위 범주들을 설명하기 위해 본 연구에서는 지도안, 수업 분석 내용, 면담과 같은 다양한 자료들의 사례를 함께 제시하고 있으며, 교사들의 지식이 실제 수업에 어떻게 영향을 주는지를 보여주었다.

연구의 결과 우리는 한국의 초등학교 교사들은 수학 교수를 위한 지식의 다양한 하위 범주들 사이의 정보를 연결시키는 특별한 절차적 지식이 있다는 점을 발견하였다. 이러한 관점에서 이 책은 교사의 수학 교수를 위한 지식의 하위 범주들과 그들의 관계를 다양한 사례를 통해 보여준다. 또한 이러한 결과들은 초등학교 교사의 수학 교수를 위한 지식이 수학 수업을 계획하고 진행하는 데 중요한 역할을 한다는 주장과 연결되어 있다. 본 연구는 다양한 교사의 수학 교수를 위한 지식의 하위 범주들과 지식들 사이의 관계를 보여주면서 현재 진행되고 있는 교사 지식의 연구에 큰 기여를 할 것으로 기대된다. 또한 초등학교 교사가 수학 수업을 진행할 때 한 가지 지식만을 적용하는 것이 아니라, 여러 지식을 복합적으로 연결하여 사용한다는 점은 정책 입안자, 교사 교육자, 교사 연수 기관 관련자, 그리고 관리자와 교사들에게도 의미 있는 시사점을 제공할 것이다.

본 저서는 두 가지 측면에서 활용될 수 있다. 우선 본 저서의 제2, 3장에 제공되는 교사 지식과 관련한 문헌 연구 및 연구 설계에 관한 세부적인 내용은 교사 지식 분야에 관심이 많은 연구자들에게 후속 연구 진행을 위한 기초 자료를 제공할 수 있다. 반면 본 저서의 제4장에서 제7장까지 제공되는 실제 초등학교 교사들의 수업 사례를 중심으로 한 수업 분석 내용은 초등학교 수학 교육에 대한 관심이 많은 교사들은 물론 초등학교 수학을 앞으로 가르치고자 하는 많은 예비 교사들의 초등학교 수학 수업에 대한 이해를 높여주는 한편, 새로운 수업 아이디어를 제공해 줄 수 있을 것으로 기대된다.

김리나

릴리 R. 알버트

목차

목차

제 5 장 한국 초등학교 교사의 수학 교수를 위한 지식의 범주 II: 수학 학습자 지식

제 6 장 한국 초등학교 교사의 수학 교수를 위한 지식의 범주 III: 기초 수학 개념 지식

제 7 장 수학 교수를 위한 교사 지식의 범주 IV, V

제 8 장 요약, 결론 및 시사점

제1장

도입

이 책은 한국 초등학교 교사들의 수학 교수에 관련한 지식과 실제 수업의 관계에 대해 분석한 연구의 결과를 제공한다. 연구의 개관에 해당하는 이 장은 연구의 목표와 방향 등 연구 설계에 관련한 전반적 내용을 포함한다. 특히 이 장에서는 초등 교사의 수학 교수에 관한 지식의 중요성에 대한 논의와 함께 연구 설계에 바탕을 제공한 개념적 틀(conceptual framework)에 대한 간략한 설명을 제시한다.

1.1 왜 초등학교 교사의 수학 교수에 관한 지식이 중요한가?

2001년 미국에서 제정된 낙제 학생 방지법(No Child Left Behind Act)은 미국 전역의 교육 현장에 큰 변화를 가져왔다. 그중 가장 주목할 만한 변화는 학생의 수학 학업 성취도가 학교의 책무성을 평가하는 가장 중요한 수단 중 하나로 여겨지게 된 것이다(Dee & Jacob, 2011). 학생의 학업 성취도를 향상시킬 수 있는 학교의 책무성이 강조됨에 따라, 학생들의 성적 향상에 영향을 주는 다양한 요소들에 대한 관심이 높아져 갔는데, 그중 정책 입안가들 및 국가 연구 기관들은 학생의 학업 성취도와 교사 능력 사이의 상관관계에 주목하였다(U. S. Department of Education, Office of Postsecondary Education & Office of Policy Planning and Innovation, 2002). 교사와 학생의 학업 성취도에 관한 관심은 미국 안에 국한된 문제가 아니다. 박경미는 2010년에 발표한 연구를 통해 교사의 질(質)과 학생의 수학 학업 성취도 사이의 관계성은 국제적 관심사가 되었다고 주장하였다. 실제 지난 수십여 년간 진행된 다양한 연구들은 교사의 질이 학생의 학업 성취도에 직접적인 영향을 준다는 것을 보여주며(Rice, 2003), 이는 교사의 질과 수학 학업 성취도 사이의 상관관계에서도 동일하게 나타난다(Rivers & Sanders, 2002). 그렇다면, '교사의 질'이라는 것은 정확하게 무엇을 나타내는 것인가? 우리는 어떻게 '교사의 질'을 규정할 수 있을까?

많은 연구들은 이 질문에 대해 수학교수에 관한 지식으로 교사의 질을 규정할 수 있다고 대답한다. 이러한 관점에서, 지난 20여 년간 효과적인 수학 수업을 위해 초등학교 교사가 가져야 할 지식의 종류를 이해하고 정의하기 위한 다양한 노력들이 진행되어왔다(예: Bass, 2005; Hill, Ball & Schilling, 2008; Kennedy, Ball & McDiarmid, 1993; Kılıç, 2011; Ma, 2010). 연구자들은 초등학교 교사의 수학 교수 효율성을 파악하기 위해 그들의 지식을 측정하였으며(Hill, Rowan & Ball, 2005), 초등학교 교사의 수학 교수에 관한 지식은 학생의 수학 학습에 긍정적인 영향을 미친다는 것을 밝혀냈다(Morris, Hiebert & Spitzer, 2009; Hill, Rowan & Ball, 2005). 특히, 초등학교 교사의 수학 교수에 관한 지식은 중등학교 교사의 지식보다 더 중요하게 여겨지기도 하는데, 이는 교사가 학습에 미치는 영향력이 나이가 어린 학생에게 더 크게 나타나기 때문이다(Hill, 2008; Konstantopoulos, 2001). 초등학교 교사의 수학 교수에 관한 지식과 학생의 수학 학업 성취도 사이에 양의 상관관계가 있음을 감안할 때, 수학 교수를 위한 초등학교 교사의 지식의 본질을 규명하는 일은 매우 중요하다고 할 수 있다. 교사가 효율적인 수학 수업을 위해 알아야 할 것을 밝히는 것은 교수 학습의 질을 향상시키는 데 중요한 역할을 할 뿐만 아니라, 교사 자격증과 예비 교사 양성 프로그램의 방향성을 설정하는 데에도 큰 영향을 줄 것으로 예상된다(Ball, Thames & Phelps, 2008).

교사의 지식을 정의하는 것은 쉬운 일이 아니기 때문에 많은 연구자들은 교사의 지식을 다양한 이름과 방법으로 정의하고 있다(예: 수학 내용에 관한 지식, 학생의 수학적 사고에 관한 지식 등). 그럼에도 불구하고, 이 연구자들 사이에 공통적으로 주장되는 것이 있는데, 초등학교 교사의 수학 교수에 관한 지식은 단지 대수와 기하와 같은 수학 내용을 아는 것을 지칭하지는 않는다는 점이다(Hill, 2008). 이는 교수활동이 단순한 정보전달활동이 아니며, 학생들의 개념적 이해를 돕는 과정이기 때문이다(Kılıç, 2011). 이러한 관점에서 알버트(Albert)는 2012년도의 연구에서 교사는 교과 내용의 심도 깊은 이해뿐 아니라, 그들이 가르치는 학생들의 비판적 사고능력을 촉진할 수 있는 수학 탐구 과정을 알아야 한다고 주장하기도 하였다. 그뿐만 아니라, 미국 학습공통 수학 교육과정(Common Core State Stands for Mathematics Initiative)은 수학을 지도하는 것은 학생으로 하여금 학습하고 습득하여 상위 단계로 도약할 수 있도록 하는 절차적 기술과 수학 개념적 이해를 모두 포괄해야 한다고 지적하였다. 그러나 아직 교사가 정확히 수학 교수를 위해 무엇을 알아야 하는가에 대한 명확한 합의는 도출되지 않은 상태로, 이 영역에 더욱 많은 연구가 필요하다(Hill, Ball & Schilling, 2008).

초등학교 교사의 수학 교수를 위한 지식에 관련된 연구들의 가장 큰 쟁점은 대부분의 연구가 슐만(Shulman, 1986)에 의해 정의된 교수학적 내용 지식(pedagogical content knowledge)만을 중심으로 이루어지고 있다는 점이다. 이때, 교수학적 내용 지식은 교사가 학생의 학습 과정에 대한 이해를 바탕으로 수학 내용을 어떻게 제시해야 하는지에 대한 지식을 일컫는다(Shulman, 1986; An, Kulm & Wu, 2004). 이러한 연구의 편향성은 교사의 수학 교수를 위한 다른 지식의 범주들을 심도 깊게 이해하는 것을 저해하며(예: 수학 교육과정 지식 등), 나아가 교사의 지식에 대한 전반적인 이해를 제약한다. 더욱이 교사들이 다른 범주의 지식들보다 교수학적 내용 지식을 수업 시 더 많이 활용한다거나 교사가 효율적인 수업을 위해 다른 지식들보다 교수학적 내용 지식을 먼저 알아야 한다는 실증적 증거는 불충분하다. 또한 수학 교수를 위해 교사들이 사용하는 수학 교수학적 내용 지식의 효과성에 대해서도 다시 고려해 보아야 할 것이다. 최근의 연구들을 살펴보면 초등학교 교사의 수학 교수학적 내용 지식은 대부분의 학생의 수학 성취도에 영향을 미치는 것으로 나타났지만, 미국에 거주하고 있는 유색 인종 학생들과 수학 부진아에게는 별다른 효과가 없는 것으로 조사되었다(예: Hill, 2008; Hill & Ball, 2005; Tanase, 2001).

초등학교 교사의 수학 수업과 관련한 지식에 대한 이해를 넓히기 위해, 이 연구는 한국에 근무하는 초등학교 교사들을 주목하였다. 카이(Cai, 2005)는 국제 연구가 수학 교수 학습과 관련된 다양한 문제들을 이해할 수 있는 기회를 제공한다고 주장하였다. 국제 연구는 교실 수업에서 학생들이 의미를 생성하는 과정과 관련한 교수 학습의 다양한 방법들을 찾아내는 데 유용한 방법이기 때문이다. 비록 국가별로 수학 내용에 관한 차이는 크지 않더라도, 국제 연구에서 도출된 결론들은 초등 교사의 수학 교수와 관련된 지식에 대해 기존 연구에서 놓친 부분들에 대한 단서를 제공해줄 수 있다(Delaney, Ball, Hill, Shilling & Zopf, 2008; Kulm & Li, 2009). 예를 들어, 중국 교사들의 수학 교수와 관련된 연구를 통해 마(Ma, 2010)는 중국 초등학교 교사들이

"수학의 연결성, 다양한 관점, 기초적 아이디어, 일관성에 대해 예시를 제공하는 것"을 가능하게 하는 "기초 수학에 대한 심도 깊은 이해(profound understanding of fundamental mathematics)"가 있다는 것을 밝혀냈다(p. 107).

1.2 연구의 목적과 연구 문제

이 연구의 목적은 한국 초등학교 교사의 수학 교수와 관련된 지식의 범주를 규명하는 데 있다. 교사의 지식은 학생의 수학 학습에 영향을 준다는 가정하에, 우리는 11명의 한국 초등학교 교사를 선정하였다.

교사가 수학에 대해 많은 지식을 가졌더라도, 학생의 수학 학습에 영향을 주지 못한다면 그 지식은 교수 상황에서 어떤 의미도 갖지 못할 것이다. 교수활동은 단순히 교과 내용을 전달하는 것 이상의 의미를 가지고 있다. 교수활동은 교사와 학생의 교육적 상호작용을 포함한다. 따라서 한국 초등학교 교사의 수학 교수에 관한 지식은 그들의 실제 수업 상황에서 규정되어야 할 것이다. 이러한 관점을 토대로, 이 연구는 11명의 한국 초등학교 교사와의 면담, 수업 관찰, 수업 지도안 분석을 통해 그들이 가지고 있는 수학 교수와 관련된 지식의 범주를 찾고자 한다. 한국 초등학교 교사의 수학 교수와 관련된 지식의 범주를 규명하기 위한 이 연구의 연구 문제는 다음과 같다.

> 한국 초등학교 교사들이 수학 수업에 활용하는 수학 교수와 관련된 지식의 종류는 무엇인가?

주 연구 문제와 관련한 하위 연구 문제는 다음과 같다.

1. 한국 초등학교 교사들이 가진 수학 교수와 관련된 지식의 하위 범주들은

그들의 수학 수업에 어떤 영향을 미치는가?
2. 한국 초등학교 교사들이 가진 수학 교수와 관련된 지식의 하위 범주들은 각각 어떻게 구성되는가?
3. 한국 초등학교 교사들이 가진 수학 교수와 관련된 지식의 하위 범주들은 서로 어떻게 연결되는가?

연구 문제와 관련된 각 하위 문제들은 한국 초등학교 교사가 가지고 있는 수학 교수를 위한 지식의 특성을 밝혀낼 수 있도록 조사될 것이다.

1.3 연구의 틀

이 연구의 길잡이를 제공하는 연구의 틀(framework)은 이론적 근거와 개념적 틀을 포함한다. 비고츠키(Vygotsky)의 사회문화적 관점은 수학의 교수 학습 과정에 있어 언어의 역할을 이해하는 데 중요한 배경지식을 제공해준다. 반면, 개념적 틀은 이 연구의 연구 문제들이 어떻게 탐구되었는지에 대한 가이드라인을 제공한다. 또한, 개념적 틀은 교사의 수학 교수와 관련된 지식에 연관된 다양한 요소들과 수업장면들에 대한 연관성을 보여준다.

1.3.1 이론적 배경

우리는 교실 수업에 있어 교사의 언어 사용이 한국 초등학교 교사의 수학 교수와 관련된 지식을 이해하는 데 가장 필수적인 요소라고 가정하였다. 이러한 가정은 학생의 학습 과정은 성인의 안내 과정과 결합되어 있다는 비고츠키의 이론을 바탕으로 설계되었다(Vygotsky, 1978; 1997). 비고츠키는 교사의 언어가 학생의 수학적 이해를 안내하는 역할을 하므로, 교사의 언어 사용은 학생의 지적인 발달과 학습 성공에 가장 중요한 핵심요소라고 주장하였다(Albert, 2012; Chaiklin, 1986). 이때, 언어는 단순히 음성적 표현을 지칭하기보다는 교사가 학생과 상호작용하고 학생이 수학적 개념과 계산방법을 이해하도록 안내하는 수학교구, 그림 표상과 같은 다양한 형태를 모두 일컫는다(Albert, 2012).

예를 들어, '3+4=7'이라는 식은 학생에게 아무런 의미도 없는 단순한 기호일 수도 있다. [그림 1.1]에 제시된 것과 같이, 등식에 관련한 교사의 언어적 설명과 비언어적 표현에 이해, 학생들은 각각의 숫자가 나타내는 양의 개념과 덧셈과 과정을 이해할 수 있다.

[그림 1.1]을 살펴보면, 교사의 수학적 언어는 이러한 과정에 가장 핵심적인 역할을

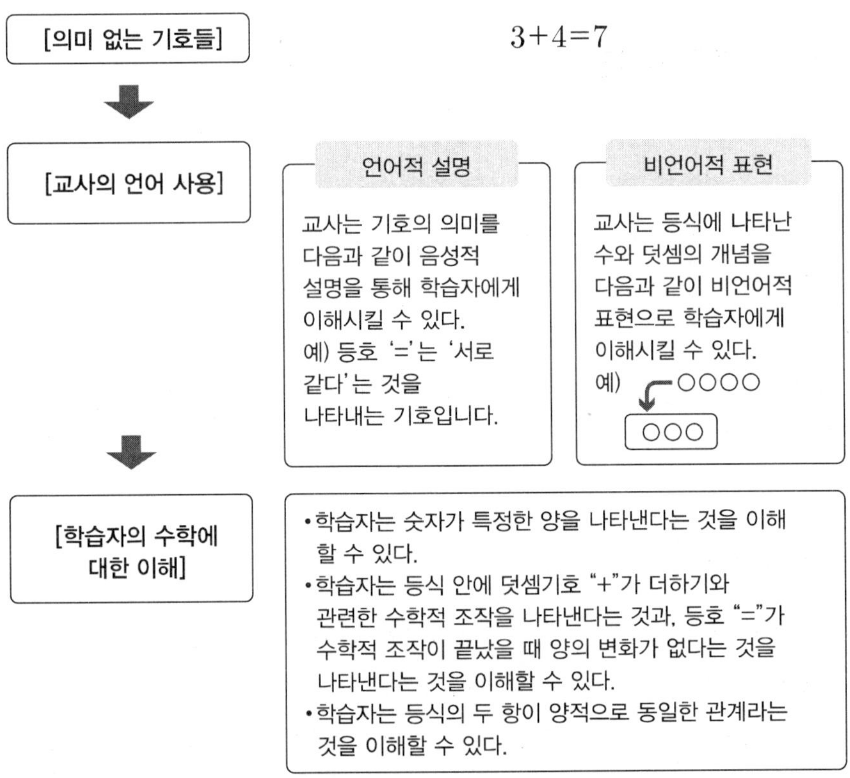

그림 1.1 수학 수업에 있어 교사 언어의 역할

담당한다. 교사는 학생들에게 등식이 나타내는 수학적 의미를 이해시킬 수 있고, 등식에 대한 학생의 이해를 돕도록 수의 개념을 포함한 다양한 표상을 활용할 수도 있다. 이때, 교실 상황에서 사용하는 교사의 언어는 일상생활의 언어와는 다를 수 있는데, 이는 교사의 언어가 교수활동을 목적으로 한 수학적 개념과 절차에 대한 설명을 포함하기 때문이다. 여러 연구자들은 수학 개념과 절차를 설명하는 다양한 방법과 이를 위한 수학적 표상이나 모델을 선정하는 것은 교사의 수학 교수에 대한 지식과 그것의 교수학적 변환을 포함한다고 주장하였다(Stylianides & Ball, 2008; Ball, Thames & Phelps, 2008).

교사의 언어 사용이 학생의 수학 학습에 가장 핵심적인 요소이며, 수학 교수에 대한 그들의 지식을 반영한다는 가정을 바탕으로, 이 연구에서는 교사의 수학교수에 대한 지식을 평가하기 위한 설문지를 개발하거나(예: Hill, Shilling & Ball, 2004; Delaney, Ball, Hill, Schilling & Zopf, 2008) 학생의 성취도를 조사하는 대신(예: Hill, Rowan & Ball, 2005; Tanase, 2011) 교사들의 수업 상황에서 사용되는 언어의 분석에 중점을 두었다.

1.3.2 개념적 틀

우리가 수학 수업에 있어 교사의 언어 사용이 교사의 수학 교수 관련 지식을 이해하는 데 가장 중요한 부분이라 가정했다 할지라도, 아직 이 연구를 설계하는 데 남은 질문이 있다. 초등학교 교사의 수학 교수 관련 지식에 영향을 받는 수업의 범위는 무엇인가? 초등학교 교사의 수학 교수와 관련된 지식을 이해하기 위해 교사의 교실 수업 장면을 분석하는 것만으로 충분한가? 또한 교사들의 지식을 깊이 있게 분석하기 위해서 교사와 관련한 어떤 정보들을 파악해야 하는가? 이 연구를 진행하기 위해 연구 참여자를 선정할 때 교사의 지식과 관련하여 고려해야 할 점은 없는가?

이 질문들에 답변하기 위해, 또한 이 연구의 진행과정 중 나타나게 될 다른 문제들에 가이드라인을 제공하기 위해, 이 연구에서는 문헌 연구를 통해 개념적 틀을 [그림 1.2]와 같이 설계하였다. 이 틀은 문헌 연구를 바탕으로 교수의 범위와 관련된 다양한

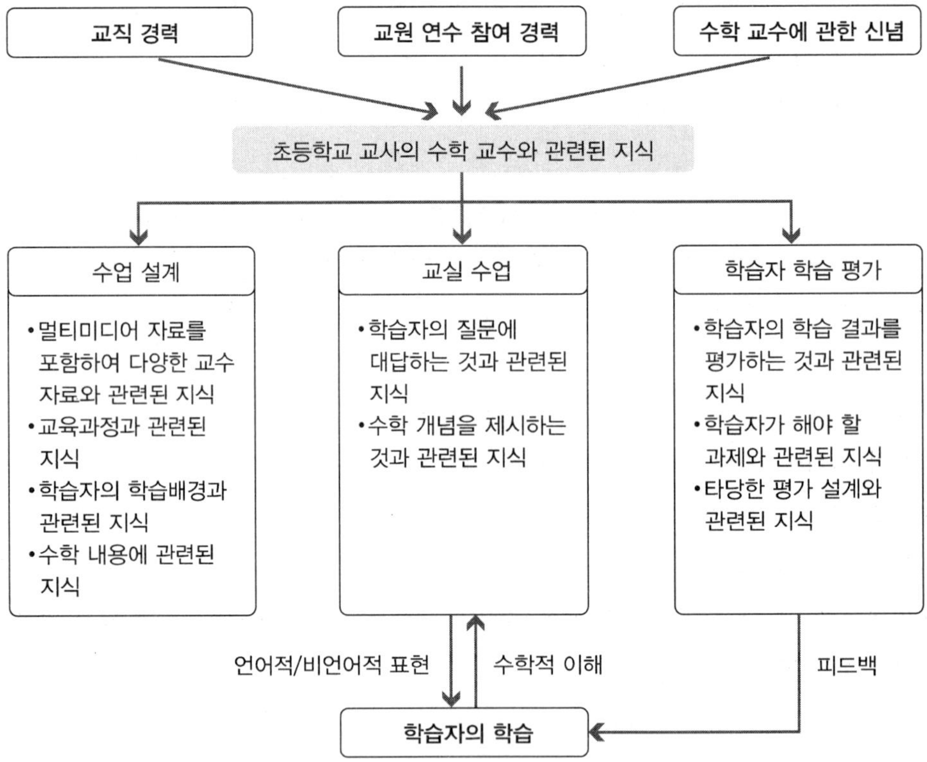

그림 1.2 개념적 틀

관점을 포함하며, 교사의 수학 교수 지식에 영향을 주는 요소들을 설명하고 있다.

[그림 1.2]의 개념적 틀에서 제시된 것과 같이, 선행 연구들은 초등학교 교사의 수학 교수와 관련된 지식에 영향을 주는 것은 교직 경력, 연수 참여 경력, 수학 교수에 관한 신념이라는 것을 밝혀냈다(예: Hill, 2008; Bell, Wilson, Higgins & McCoach, 2010; Fennema & Franke, 1992). 따라서 이 연구에서는 연구 참여자를 선정하고 그들의 지식을 분석할 때 이러한 요소들을 고려하였다. 연구 참여자를 선정하는 세부 과정은 제3장에서 소개될 예정이며, 분석의 결과는 제4장부터 제7장까지 제시될 예정이다.

교사의 지식과 관련한 관점 측면에서 우리는 수학적 아이디어, 사실 그리고 절차와 관련된 내적 표상들은 서로 유용성에 따라 연결된다는 인지 과학의 가설을 차용하였다

(예: Hiebert & Carpenter, 1992). 교사의 수학 교수와 관련된 지식의 하위 범주들의 특징과 그들의 관계를 이해하는 것이 이 연구의 하위 연구 문제인 만큼, 우리는 이러한 관점을 토대로 교사의 수학 교수와 관련된 지식의 다양한 하위 범주들 사이의 관계성에 주목하였다.

또한 교사의 수학 교수 관련 지식에 영향을 받는 교수의 범위에 대해서는 수업 설계 과정(예: Stylianides & Ball, 2008; Ball, Thames & Phelps, 2008), 교실 수업(예: Turner, 2008; Izsa´k, 2008; Polly, 2011), 그리고 학생의 학습 결과를 평가하는 과정(예: Empson & Junk, 2004; Anderson & Kim, 2003; Kleve, 2010)의 세 가지 단계로 구성된다고 설정하였다. 교수의 범위에 관련된 개념적 틀은 이 연구의 다양한 측면에 분석 토대를 제공하였다. 세 단계로 구분된 교수의 범위에 따라, 우리는 연구 데이터를 수집하였으며 분석하였다. 세부적인 데이터 수집 및 분석 절차는 제3장에 소개된다.

참고문헌

Albert, L. R. (2012). *Rhetorical ways of thinking: Vygotskian theory and mathematical learning*. New York: Springer.

An, S., Kulm, G., & Wu, Z. (2004). The pedagogical content knowledge of middle school, mathematics teachers in China and the U.S. *Journal of Mathematics Teacher Education, 7*, 145-172.

Anderson, H., & Kim, S. (2003). A missing piece in an elementary school mathematics teacher's knowledge base. *Teacher Education, 12*, 17-23.

Ball, D. L., Thames, M. H., & Phelps, G. (2008). Content knowledge for teaching: What makes it special? *Journal of Teacher Education, 59*, 389-407.

Bass, H. (2005). Mathematics, mathematicians and mathematics education. *Bulletin of the American Mathematical Society, 42*, 417-430.

Bell, C, A., Wilson, S., Higgins, T., & McCoach, D. B. (2010). Measuring the effects of professional development: The case of developing mathematical ideas. *Journal for Research in Mathematics Education, 41*, 479.

Cai, J. (2005). U.S. and Chinese teachers' constructing, knowing, and evaluating representations to teach mathematics. *Mathematical Thinking and Learning an International Journal, 7*, 135-169.

Carpenter, T. P., & Lehrer, R. (1999). Teaching and learning mathematics with understanding. In Fennema, E., & Romberg, T. A. (Eds.), *Mathematics Classroom that Promote Understanding* (pp. 19-32). Mahwah, N. J.: Lawrence Erlbaum Associates.

Chaiklin, S. (1986). Constructing productions and producing constructions. *The American Psychologist, 41*, 590-593.

Common Core State Standards Initiative. *Common Core State Standards for Mathematics*. 2010. Retrieved from http://www.corestandards.org/Math/.

Dee, T. S., & Jacob, B. (2011). The impact of no child left behind on student achievement. *Journal of Policy Analysis and Management, 30*, 418-446.

Delaney, S., Ball, D. L., Hill, H. C., Schilling, S. G., & Zopf, D. (2008). Mathematical knowledge for teaching: Adapting U.S. measures for use in Ireland. *Journal of Mathematics Teacher Education, 11*, 171-197.

Donovan, M. S., & Bransford, J. (2005). *How students learn: Mathematics in the classroom.* Washington, DC: National Academies Press.

Eisenhart, M., Borko, H., Underhill, R., Brown, C., Jones, D., & Agard, P. (2012). Conceptual knowledge falls through the cracks: Complexities of learning to teach mathematics for understanding. *Journal for Research in Mathematics Education, 24*, 8-40.

Empson, S. B., & Junk, D. L. (2004). Teacher's knowledge of children's mathematics after implementing a student-centered curriculum. *Journal of Mathematics Teacher Education, 7*, 121-144.

Even, R. (1993). Subject matter knowledge and pedagogical content knowledge: Prospective secondary teachers and the function concepts. *Journal for Research in Mathematics Education, 24*, 94-116.

Fennema, E., & Franke, M. (1992). Teachers' knowledge and its impact in: D.A. Grouws (Ed.), *Handbook of Research on Mathematics Teaching and Learning.* New York, NY: Macmillan Publishing.

Gearhart, M. (2007). Mathematics knowledge for Teaching: Questions about Constructs. *Measurement: Interdisciplinary Research and Perspectives. 5*, 173-180.

Hiebert, J., & Carpenter, T. P. (1992). Learning and teaching with understanding. In D.A. Grouws (Ed.), *Handbook of Research on Mathematics Teaching and Learning* (pp. 65-97). New York, NY: Macmillan Publishing Company.

Hill, H. C. (2008). Mathematical knowledge for teaching and the mathematical quality of instruction: An exploratory study. *Cognition and Instruction, 26*, 430-511.

Hill, H. C., & Ball, D. L. (2005). Unpacking pedagogical content knowledge: Conceptualizing and measuring teachers' topic specific knowledge of students. *Journal for Research in Mathematics Education. 39*, 372-400.

Hill, H. C., Ball, D. L., & Schilling, S. G. (2008). Unpacking Pedagogical Content Knowledge: Conceptualizing and Measuring Teachers' Topic-Specific Knowledge of

Students. *Journal for Research in Mathematics Education. 39*, 372-400.

Hill, H. C., Rowan, B., & Ball, D. L. (2005). Effects of teachers' mathematical knowledge for teaching on student achievement. *American Educational Research Journal, 42*, 371-406.

Hill, H. C., Schilling, S. G., & Ball, D. L (2004). Developing measures of teachers' mathematics knowledge for teaching. *Elementary School Journal*, 105, 11-30.

Izsák, A. (2008). Mathematical knowledge for teaching fraction multiplication. *Cognition and Instruction, 26*, 95-143.

Kennedy, M. M., Ball, D. L., & McDiarmid, G. W. (1993). *A study package for examining and tracking changes in teachers' knowledge.* East Lansing, MI: The National Center for Research on Teacher Education Michigan State University.

Kılıc, H. (2011). Preservice secondary mathematics teachers'knowledge of students, *Turkish Online Journal of Qualitative Inquiry, 2*, 17-36.

Kim, R, Y., Ham, S, H., & Paine, L, W. (2011), Knowledge expectations in mathematics teacher preparation programs in South Korea and the United States: Towards International Dialogue. *Journal of Teacher Education. 62*, 48-61.

Kleve, B. (2010). Contingent moments in a lesson on fractions. *Research in Mathematics Education, 12*(2), 157-158.

Konstantopoulos, S. (2011). Teacher effects in early grades: Evidence from a randomized study. *Teachers College Record, 113*, 1541-1565.

Kulm, G., & Li, Y. (2009). Curriculum research to improve teaching and learning: National and crossnational studies. *ZDM-The International Journal on Mathematics Education. 41*, 709-715.

Ma, L. (2010). *Knowing and teaching elementary mathematics: Teachers' understanding of fundamental mathematics in China and the United States.* New York: Routledge.

Margolis, E., & Laurence, S. (1999). *Concepts: Core readings.* Cambridge, Mass.: MIT Press.

Morris, A. K., Hiebert, J., & Spitzer, S. M. (2009). Mathematical knowledge for teaching in planning and evaluating instruction: What can preservice teachers learn? *Journal for Research in Mathematics Education, 40*, 491-529.

Moschkovich, J. (2002). A Situated and Sociocultural Perspective on Bilingual Mathematics Learners. *Mathematics Thinking and Learning. 4*, 189-12.

Park, K. (2010). Mathematics teacher education in Korea. In Koon, F., Leung, S., & Li, Y. (Eds.), *Reforms and issues in school mathematics in East Asia: Sharing and understanding mathematics education policies and practices* (pp. 181-196). Chesapeake, VA: AACE.

Polly, D. (2011). Developing teachers' technological, pedagogical, and content knowledge (TPACK) through mathematics professional development. *International Journal for Technology in Mathematics Education, 18*, 83-95.

Rice, J. K. (2003). *Teacher quality: Understanding the effectiveness of teacher attributes.* Washington, DC: Economic Policy Institute.

Rivers, J. C., & Sanders, W. L. (2002). Teacher quality and equity in education opportunity: Findings and policy implications. In L. T. Izumi & Williamson, M. E. (Eds.), *Teacher quality* (pp. 13-23). Stanford, CA: Hoover Press.

Shulman, L. S. (1986). Paradigms and research programs in the study of teaching: A contemporary perspective. In M. C. Wittrock (Ed.), *Handbook of Research on Teaching* (3rd ed., pp. 3-36). New York, NY: Macmillan Publishing Company.

Skemp, R. R. (1989). *Mathematics in the primary school.* London: Routledge.

Stylianides, A. J., & Ball, D. L. (2008). Understanding and describing mathematical knowledge for teaching: Knowledge about proof for engaging students in the activity of proving. *Journal of Mathematics Teacher Education, 11*, 307-332.

Tanase, M. (2011). Teaching place value concepts to first grade Romanian students: Teacher knowledge and its influence on student learning. *International Journal for Mathematics Teaching and Learning.* Retrieved from http://www.cimt.plymouth.ac.uk/journal/.

Turner, F. (2008). Beginning elementary teachers'use of representations in mathematics teaching. *Research in Mathematics Education, 10*, 209-210.

U.S. Department of Education, Office of Postsecondary Education, & Office of Policy Planning and Innovation. (2002). *Meeting the highly qualified teachers challenge:*

The secretary's annual report on teacher quality. Washington, DC: U. S. Department of Education.

Vygotsky, L. S. (1978). *Mind in society: The development of higher psychological processes.* Cambridge, MA: Harvard University Press.

Vygotsky, L. S. (1997). The history of the development of higher mental functions. In R. W. Rieber (Ed.), *The Collected Works of L. S. Vygotsky* (Vol. 4, pp.1-251). New York, NY: Plenum (Original work published 1931).

제 2 장

관련 연구들의 교육학적 고찰

이 장에 제시되는 문헌 연구는 초등학교 교사가 수학을 가르치는 데 필요한 지식을 대상으로 한 논문들에서 도출된 시사점과 의의를 포함한다. 문헌 연구는 총 3개의 하위 장들로 구성되는데, 각 부분들은 교사의 지식에 대한 연구의 역사, 초등학교 교사의 수학 교수를 위한 지식에 관련한 근래의 연구들, 그리고 이러한 연구들의 해석적 요약과 비판적 분석을 제시한다. 각 내용별로 도출된 시사점들은 이 연구를 진행하는 데 있어 역사적·이론적 배경을 제공한다.

2.1 도입

학생에게 수학을 효율적으로 가르치기 위한 교사의 지식을 이해하고 설명하기 위하여 많은 연구들이 있었다. 그러나 그동안 이 분야의 연구가 대부분 개념적 고찰에만 집중되어 있고 상대적으로 실증 연구가 부족하다 보니, 초등학교에서 수학을 가르칠 때 필요한 교사의 지식에 대한 정의와 지식의 하위 범주들의 관계는 명확히 규정되지 못하였다. 따라서 이 장에서는 현재 초등학교 교사의 수학 교수를 위한 지식에 대한 연구가 개념 연구 위주라는 문제점을 포함하여 현재 연구의 흐름을 분석하고, 그 안에서 의미 있는 시사점을 도출하여 이 연구의 역사적·이론적 토대를 제공하고자 한다.

이 장에 제시된 문헌 연구는 수학 교수를 위한 교사의 지식에 대한 연구의 역사, 초등학교 교사의 수학 교수를 위한 지식에 대한 근래의 연구들, 그리고 이러한 연구들의 해석적 요약과 비판적 분석이라는 세 부분의 하위 장들로 구성되어 있다. 첫 번째 부분은 수학 교수를 위한 교사의 지식이 학계의 주목을 받기까지 역사적 배경에 대한 설명을 포함하고 있다. 특히, 수학 수업의 질에 연관된 교사의 지식에 대한 이해에 큰 영향을 끼친 중요한 개념 연구와 이러한 연구를 토대로 진행된 실증 연구들의 예시를 보여줌으로써, 교사 지식에 대한 논의가 어떻게 진행되어 왔는지를 보여준다. 두 번째 부분에서는 초등학교 교사의 수학 교수를 위한 지식에 대한 연구들의 분석을 담고 있다.

이 2개의 하위 장에서 논의된 내용들은, 이 연구의 역사적·이론적 배경을 제공한다. 마지막 세 번째 부분에서는 이 장에 제시된 문헌 연구의 요약과 관련 연구들과의 연관성 속에서 이 연구에서 다룬 연구 문제의 중요성과 시사점에 대한 논의를 제공한다.

2.2 수학 교수를 위한 교사 지식에 대한 연구의 역사

이 절에서는 수학 교수를 위한 교사의 지식에 대한 연구의 한미 양국의 역사적 배경을 살펴본 후, 이러한 배경 속에서 그동안 조사된 수학 교수를 위한 교사들의 지식의 하위 범주를 다룬 선행 연구들을 조사하고자 한다.

2.2.1 수학 교수를 위한 교사 지식에 대한 연구의 역사적 배경 - 미국을 중심으로 -

1830년대 미국은 공립학교 도입을 통해 이전까지의 다양했던 교육 시스템을 단일화하였는데, 주목할 만한 점은 이와 동시에 양질의 교사에 대한 수요가 급등하였다는 점이다(Labaree, 2008). 특히, 1964년 미국인권법(Civil Right Act) 실시에 따른 후속 조치로 1996년에 실시된 교육의 기회 균등 연구(The Equality of Educational Opportunity Study, EEOS)는 교사의 질에 대한 연구의 중요한 분수령이 되었다(Legemann, 2000). 콜만 연구(Coleman Study)라고도 알려진 이 보고서는 미국 전역에 걸친 교육 기회의 균등 조사를 위해 650,000명 이상의 학생 표본을 대상으로 실시되었는데, 이 보고서는 교사의 수업 능력에 관한 연구의 분수령이 되었다(Lagemann, 2000). 교육의 기회 균등 연구 결과가 발표된 이후, 1960년대와 1970년대 교실 상황의 관찰과 학생 성취도의 신뢰할 만한 측정에 관한 연구가 눈에 띄게 증가하였는데(Needels, 1998), 슐만(1986)은 이러한 연구 흐름을 과정-산출 패러다임

(process-product paradigm)이라고 명명하기도 하였다. 이러한 패러다임은 교수에 대한 이해의 필요성을 촉진시켰으며, 학교의 영향에 대한 논란을 야기하였다(Hanuskek, 1998).

수학교육에 있어서도 과정-산출 패러다임이라는 흐름을 바탕으로 교사의 질에 대한 중요성이 더욱 부각되었다. 특히, 1983년에 국가 교육 개선 위원회(National Committee of Excellence in Education)에서 발행한 〈위기의 국가(Nation at Risk)〉라는 보고서는 학생의 학업 성취도의 감소는 교사의 수업 능력 부족에 따른 것이라고 지적하면서, 예비 교사 교육 프로그램의 질적 향상의 필요성을 제시하였다. 제2차 국제 수학 연구(Second International Mathematics Study)에서 미국 학생들의 성취도를 분석한 〈낮은 성취수준의 교육과정(Underachieving Curriculum, McKnight, Crosswhite, Dossey, Kifer, Swafford, Travers & Cooney, 1987)〉 역시 "수학 교사를 위한 연수 프로그램들은 반드시 개선·발전되어야 한다(p. 115)."라고 강조하였다.

〈위기의 국가〉, 〈낮은 성취수준의 교육과정〉이라는 보고서의 주장에 대해 미국 수학 교사 협회(National Council of Teachers of Mathematics, NCTM)는 1989년 〈학교 수학의 교육과정과 평가 규준(Curriculum and Evaluation Standards for School Mathematics)〉, 1991년 〈수학 교수를 위한 직업 기준(Professional Standards for Teaching Mathematics)〉을 발간하였다. 특히 수학 교수를 위한 직업 기준에서는 "학교 수학의 교육과정과 평가 기준을 바탕으로 교사가 교육과정의 변화를 어떻게 이끌어 낼 수 있을 것인가에 대한 비전을 제시하면서, 교사가 수학 교육의 새로운 목표를 위해 무엇을 알아야 하고 어떻게 교수과정이 평가되어야 하는지 보여준다(NCTM, 1991, p. vii)."라고 밝히며 수학 교사의 지식에 대해 강조하였다.

이어 2000년에, 미국 수학 교사 협회는 〈학교수학의 원리와 규준(Principles and Standards for School Mathematics)〉을 발행하였다. 이 문서는 〈학교 수학의 교육과정과 평과 기준(Curriculum and Evaluation Standards for School Mathematics)〉을 개정한 것으로, 〈수학 교수를 위한 직업 기준(Professional Standards for Teaching Mathematics)〉 및 〈수학 교수의 평가 기준(Assessment Standards for Teaching

Mathematics)〉을 포함하고 있다. 〈학교수학의 원리와 규준〉에 따르면, 교사들은 수학을 가르칠 수 있도록 완벽히 준비되어야 한다(NCTM, 2000). 또한, 이 규준은 유치원 및 초·중·고등학교 교육과정의 수학 교육 목표와 함께 교사가 수학 교수를 위해 알아야 하는 내용에 대한 개요를 제시하고 있다. 특히 이 규준은 수학 교수를 위해 교사가 알아야 하는 것에 대해 수학 자체에 대한 이해, 학생으로서 학생의 특성, 교실의 학습 환경 조성 방법과 교육학적 전략들이라고 명시하였다. 또 "교사들은 수학적 지식과 교수학적 지식을 결합시켜 수학을 수업 시간에 가르치는 방법에 대해 알아야 한다. …… 그리고 교사는 새로운 수학 내용에 대해 끊임없이 배우고, 학생이 어떻게 수학을 배우는지에 대해 연구하여야 한다(NCTM, 2000, p. 370)."고 제시하였다. 미국 수학 교사 협회의 이러한 발표는 수학 교수를 위해 교사의 지식의 중요성을 강조하고 있을 뿐더러, 교사가 스스로를 평생 학생으로 인지해야 한다는 것을 보여준다(Graham, 2001).

이와 비슷한 시기에 낙제 학생 방지법이 통과되었다. 이 법은 학생의 읽기, 언어 능력, 수학의 학업 성취도에 있어 교사 학교의 책무성을 강조한다. 이 법에 따라 학교는 각 주별로 실시되는 일제고사에 대해 학생들의 연간학업성취 향상도(Adequate Yearly Progress)를 보고해야만 한다. 즉, 낙제 학생 방지법의 가장 큰 영향은 학생의 수학 학업 성취도가 학교 교육의 성공여부를 규정하는 기준으로 작용하게 되었다는 점이다(Dee & Jacob, 2011). 이러한 이유로, 정책 입안가들과 국가 연구기관들은 교사가 학생이 높은 학업 성취도를 얻도록 어떻게 도울 수 있는가에 더욱 관심을 가지게 되었다(U.S. Department of Education, Office of Postsecondary Education & Office of Policy Planning and Innovation, 2003).

2010년에 발표된 미국 핵심 공통 교육과정(Common Core State Standards)은 언어사용과 수학에 있어 각 주별 격차를 줄이기 위해 학생이 배워야 할 내용에 대해 가이드라인을 제공하고 있다. 미국 핵심 공통 교육과정은 많은 주에서 적용되었으며, 각 주별 교육 내용이 균형을 이루도록 하는 역할을 한다(Porter, McMaken, Hwang & Yang, 2012). 미국 핵심 공통 교육과정은 교사가 절차적 기술과 개념적 이해에 대한 지식을 바탕으로 학생이 더 높은 단계로 성공적으로 도달하기 위해 필요한 정보들을 학습하고 이해할 수 있도록 도와야 한다고 밝혔다. 즉, 교사는 수학 내용에 대한 깊은 지식뿐 아니라, 수학적 탐구와 문제해결의 절차에 대한 이해, 그리고 학생이 비판적 사고를 발전시킬 수 있는 교수법에 대한 지식이 있어야 하는 것이다(Albert, 2012).

앞서 살펴본 바와 같이, 여러 연구들은 교사의 질이 학교 교육의 성패를 가늠하는 중요한 요소라는 것을 밝혀내었고, 이러한 이유에서 국가 및 연구 단체에서 발표하는 규준 및 보고서들에서는 새로운 학교 수학의 규준 중 하나로 교사의 지식과 이해를 언급하는 것이다. 이때 교사의 질을 결정짓는 중요한 요인 중 하나로 교사 지식이 꾸준히 강조되었다. 어떠한 요소가 효과적인 수학 수학을 이끌어낼 수 있는지에 대한 교사의 수학 교수학적 지식은 수학 수업의 구성과 진행에 그대로 영향을 미치기 때문이다 (Hill, 2004).

2.2.2 수학 교수를 위한 교사 지식에 대한 연구의 역사적 배경
- 한국을 중심으로 -

수학 교사의 질은 비단 미국 교육 체제에서만 강조되고 있는 것은 아니다. 학생의 수학 성취도를 향상시키기 위한 교사의 노력은 한국, 미국을 포함한 국제적 관심사가 되었다. 특히, 한국은 미국처럼 규준을 발표하기보다는 법 개정을 통해 교사의 질 향상을 위한 노력을 지속해왔다. 이와 관련하여 이 절에서는 교사의 질과 관련한 한국의 법과 교육정책을 중점적으로 살펴볼 예정이다. 교사의 질에 대한 한국의 국가적 관심을 이해하는 것은 우리가 이 연구의 결과를 어떻게 교원정책에 활용해야 하는지에 대한 시사점을 제공해줄 수 있을 것이다.

한국은 1910년 일본에 의해 식민지화되기 전까지 전제 군주제가 시행되던 국가였다. 일본의 한국 침략 이후, 일본은 식민지 교육을 위해 한국에 근대 교육 체제를 수립하였다. 그러나 이 시기를 한국 근대 교육의 시초로는 보기 어려운데, 이는 표면상으로는 교육 체계가 근대화되었으나, 내부적으로 살펴보면 식민지 교육을 위한 전제 교육이 계속 시행되었기 때문이다. 1945년 광복 이후, 한국 정부는 1949년 제정된 교육법에 따라 6년제 의무교육을 실시하게 된다. 그러나 실제 근대 교육은 1954년까지 제대로 시행되지 못했는데 이는 1950년부터 1953년까지의 한국 전쟁 때문이었다. 1954년, 한국 정부는 학생들의 학교 수업 참석을 보장하고, 교육 인프라를 구축하기 위해 수학 교육을 포함한 의무 교육 6개년 계획을 발표하였다. 이 법이 시행된 후 의무교육 대상자를 위한 교사의 수요가 크게 증가하였는데, 필요한 교사 수요를 충족하기 위해 한국 정부에서는 1950년대 두 달간의 교육을 통해 교사 자격증을 발급하는 24개의 교원양성소를 운영하였다. 교원 양성소에서 발급되는 자격증을 보유한 교사는 공립학교에서 모든 교과목을 가르칠 수 있었다.

1960년대 교사 수에 대한 수요와 공급이 균형을 이루게 되자, 한국 정부에서는 교사의 질과 관련하여 교사의 지식에 대해 관심을 가지기 시작하였다. 한국 정부는 교사의 지식이 교수(敎授)의 질에 가장 결정적인 영향을 미치는 요소임을 인지하고, 당시 2개월간의 교원 양성 시스템이 교사가 교수에 필요한 충분한 지식을 습득하는 데 부족하다는 결론을 내렸다(교육부, 2013). 이에 1961년 특별법을 시행하여, 한국 정부는 2년 과정의 초등학교 교원 양성 프로그램을 제공하는 16개의 특성화된 교육 대학교를 지정하였다. 교육대학교에서는 교육 이론, 각 과목별 교수법, 학생 발달 등에 내용을 포함하여 초등학교 교사가 알아야 할 지식을 중심으로 교육과정을 운영하였다.

질 높은 교사에 대한 양성 및 공급은 지속적인 관심을 받았으며, 한국 정부는 1981년 개정교육법에 따라 교육 대학교의 기간을 2년에서 4년으로 연장하였다. 이 법에 따라 예비 초등학교 교사는 초등학교 교사 자격증을 획득하기 위해 140학점을 이수해야 하며, 이 140학점에는 적어도 5학점의 수학 교육 관련 내용을 수강해야 한다(서울교육대학교, 2012).

심도 깊은 지식을 갖춘 질 높은 초등학교 교사의 확보를 위한 한국 정부의 노력은 임용 체계에도 영향을 미쳤다. 1988년 교육 정책 자문기관의 건의에 따라 실시된 초·중등 교사 종합 계획에는 교사 자격증과 임용 기준의 질적 향상에 대한 내용이 포함되었다. 1990년까지는 공립학교에서 근무하고자 하는 예비 초등학교 교사는 별도의 시험 없이 자격증만으로도 채용될 수 있었다. 그러나 1990년 이후로는 자격증 이외에 국가적 차원의 임용고시를 통과해야 공립학교에서 근무할 수 있게 되었다.

1995년, 한국 정부는 현직 초등학교 교사의 교수를 위한 지식의 증대 방안을 포함하는 교육개혁안을 발표하면서 예비 교사와 현직 교사의 연수 프로그램의 질적 향상을 꾀하였다. 이 교육개혁안은 현직 교사 연수 프로그램을 강화하고, 교사가 교육 연구를 할 수 있도록 기반을 제공하는 등 현직 교사의 전문성 향상에 주목적을 들었다. 이 법의 시행으로 인해, 현직 교사들은 개인 혹은 단체로 근무 기간 동안 교육 연구를 진행할 수 있게 되었으며, 정부는 교사의 연구 계획에 따라 재정적 지원을 담당한다. 또한 교원 연수 역시 정부차원에서 제공되며, 초등학교 교사들은 1년에 최소 60시간의 교원 연수 프로그램에 참여하도록 권장된다. 교사의 현장 연구 참여와 새로운 교수법 연구를 정부가 지원하는 것 또한 교사의 지식 증진을 위한 중요한 방안 중 하나이다. 또한, 정부에서는 교육 대학교 전문대학원을 통해 초등수학교육 석사 학위 과정과 같이 초등교육 전문 교원 양성을 위해 지속적인 투자를 하고 있다. 2013년부터는 교육대학교의 박사과정 신설을 통해 교사의 지식 증진에 더욱 노력하고 있다.

한국 정부가 초등학교 교사의 수학 교수와 관련된 지식에 관하여 특정한 법이나 규제를 가하지는 않지만, 수학 수업을 포괄한 전반적인 교사의 지식 관리를 통해 교사의 질을 관리한다는 사실을 알 수 있다. 수학 교수와 관련된 한국 초등학교 교사에 대한 이론적 연구는 부족하지만, 교사의 지식 향상을 토대로 한 교육 질의 향상을 위해 한국 정부는 예비 교사 및 현직 교사를 대상으로 한 다양한 연수 프로그램을 제공하고 있다.

한국과 미국 양국의 교사 관련 정책 및 연구 내용을 살펴볼 때, 교사의 지식에 대한 높은 관심을 알 수 있었다. 따라서 이 연구의 결과는 양국 모두에게 의미 있는 시사점을 제공할 수 있을 것이다. 또한 각국은 교사 지식과 관련하여 서로 다른 강점이 있는 것으로 보인다. 미국은 교사의 지식에 관련한 다양한 연구를 기반으로 교사의 지식을 강조하는 반면, 한국 정부는 교사의 지식을 향상시키기 위해 실질적인 시스템을 갖추는 데 주력한다. 따라서 미국에서 그동안 연구된 결과물과 자료를 토대로 한국 초등학교 교사들의 지식을 분석한다면 이 분석 결과는 양국의 교사 양성 및 연수 프로그램에 의미 있는 정보를 제공할 수 있을 것으로 기대된다.

2.3 수학 교수를 위한 교사의 지식에 관한 선행 연구

초등학교 교사의 수학 교수를 위한 지식에 대한 전반적인 이해를 돕기 위해, 이 절에서는 교사 지식에 대한 선행 연구 결과들을 살펴보고자 한다. 교사 지식에 대한 넓고 충분한 이해를 돕기 위해, 이 절은 수학 교수뿐만 아니라 일반적으로 학교에서 가르치기 위해 교사에게 필요한 지식을 연구한 문헌도 분석하였다(예: Shulman, 1986).

2.3.1 슐만의 교사 지식에 대한 연구

1986년 슐만은 교사의 지식 연구에 있어 기본적 틀을 제공하였으며, 그의 연구 결과는 수학 교수를 위한 교사의 지식뿐 아니라 교사 지식 연구 전반에 걸쳐 여전히 큰 영향력을 행사하고 있다(Bullough, 2001; Kinach, 20021 Segall, 2004). 슐만이 발표한 교사 지식의 주요 하위 범주들은 다음과 같다.

- 교육학 지식(general pedagogical knowledge)
- 학생 지식(knowledge of learners)
- 교육적 환경에 대한 지식(knowledge of educational context)
- 교육적·철학적·역사적 배경에 관한 지식(knowledge of educational, philosophical and historical grounds)
- 내용 지식(content knowledge)
- 교육과정 지식(curriculum knowledge)
- 교육학적 내용 지식(pedagogical content knowledge)

교육학 지식은 수학, 과학과 같은 교과 외에 교사의 일반적 교육학에 관한 이해를 뜻한다(Shulman, 1986). 이 범주는 교사로 하여금 그들의 학생들의 특징을 이해하면서 전반적인 교육 체계를 인지하는 것을 돕는다(Richards & Farrell, 2005).

학생 지식은 학생의 특징에 대한 이해와 이러한 특징을 교수 상황에 맞게 어떻게 활용할 것인가에 대한 교사의 이해를 일컫는다(Shulman, 1986). 라만, 스카이프, 야히

아, 자릴(Rahman, Scife, Yahya & Jalil, 2010)의 연구에 따르면, 학생 지식은 실증적 지식과 인지적 지식으로 구분할 수 있는데, 실증적 지식은 특정한 나이대의 아동들에 대한 이해를 지칭하며, 인지적 지식은 아동들의 지적 발달 과정에 대한 이해를 뜻한다. 학생 지식이 있다는 것은 교사가 개인별로 다양한 능력을 지닌 특정한 학생의 요구에 맞게 내용과 활동을 제시할 수 있는 기술과 과정을 이해한다는 의미이다(Wiseman, Cooner & Knight, 1999).

교육적 환경에 대한 지식은 사회문화적 그리고 학습 환경이 교수·학습과정에 어떤 영향을 미치는가를 교사가 이해하는 것과 교육 체계 안에서 적합한 교육 방법은 무엇인가에 대해 인지하는 것을 일컫는다(Shulman, 1986). 바넷과 호드슨(Barnett & Hodson, 2000)은 교육적 환경에 대한 지식은 근원에 따라 내부적 원천과 외부적 원천으로 구별할 수 있다고 주장하였다. "내부적 원천은 학생, 학부모, 그리고 다른 교사들의 반응에 대한 감정을 포함하여 개인적인 교수 경험의 반영을 뜻하며, 외부적 원천은 교과 지식, 정부 규제, 학교 정책과 같은 것을 지칭한다."(p. 436)

교육적·철학적·역사적 배경에 관한 지식은 교수를 위해 지식을 축적하는 데 토대를 제공한다(Shulman, 1986). 슐만은 다음과 같은 예를 들어 이 지식을 설명하였다. "(영어) 교사는 교실에서 토론을 이끌기 위해서는 특정한 소설이나 소설에 대한 비평 문헌에 친숙해야 한다. 또 인지론과 비판론과 관련한 다양한 이론들에 대한 내용을 이해해야 하며, 이러한 내용들이 가르치려고 하는 교육과정의 주제들과 어떻게 연관되는지 알아야 한다."(p. 9) 이때, 교육적·철학적·역사적 배경은 교사가 가르치고자 하는 것을 명확히 하고, 교수 활동의 수단을 제공한다.

내용 지식은 교사의 교과 내용 자체에 대한 지식과 교과의 구조에 대한 이해를 포함한다(Grossman, Wilson & Shulman, 1989; Wilson, Shulman & Richert, 1987). 특히 내용 지식은 실제적 지식(substantive knowledge)과 구조적 지식(syntactic knowledge)으로 구성되는데(Shulman, 1987), 실제적 지식은 사실과 개념이 조직된 상태를 나타내는 반면, 구조적 지식은 학계에서 새로운 지식이 소개되고 받아들여지는 과정과 관련한 그 영역의 탐구의 본질이라고 할 수 있다(Schwab, 1964). 즉, 내용 지식은 이론, 원리 및 교과의 개념을 포괄하는 지식의 구조를 포함하는 개념이다

(Shulman, 1992).

슐만(1986)은 교육과정 지식을 “주어진 학년에 있어 특정한 과목을 가르치기 위해 구성된 전체 프로그램의 범위, 이러한 프로그램과 관련한 다양한 교수 구체물, 특정한 환경에서 정해진 교육과정이나 교수자료를 사용할 때 선택의 이유”(p. 10)에 대한 포괄적인 지식이라고 규정하였다. 슐만은 교육과정 지식의 하위 범주를 수평적 지식(lateral curriculum knowledge)과 수직적 교육과정 지식(vertical curriculum knowledge)(p. 10)으로 구분하였다. 수평적 지식은 여러 과목들 사이의 관계성을 나타내는 반면, 수직적 교육과정 지식은 한 교과 안에서 주제들 간의 유사성에 대한 이해를 의미한다. 슐만은 교육과정 지식이 교수학적 내용 지식의 근간을 제공한다고 주장하였다.

효율적인 교사는 교과의 주요 내용을 학생에게 제시하는 방법에 대해 심도 깊은 지식을 가지고 있다(Parker & Heywood, 2000). 슐만(1986)은 이러한 지식을 교수학적 내용 지식이라 명명하였다. 교수학적 내용 지식은 교사만이 가지고 있는 전문적인 이해의 형태로, 내용과 교육학 사이에 혼합제 역할을 한다(Shulman, 1986). 교수학적 내용 지식은 효과적인 교과 내용의 제시 방법, 아이디어를 통합하는 방법, 정례와 반례를 명확히 제시하는 방법, 관계성에 대한 이해 및 중요한 아이디어를 연결하는 방법에 관한 지식을 모두 포괄한다(Grouws & Schultz, 1996). 그뿐만 아니라, 교수학적 내용 지식은 학생과 그들의 특성에 대한 지식, 교육학적 배경에 관한 지식, 교육학적 목표와 가치에 대한 지식, 철학적·역사적 기반에 대한 이해를 모두 포괄하는 개념이며(Shulman, 1987), 능력과 배경이 다른 다양한 학생들에게 교과내용을 이해할 수 있는 형태로 변환시키는 방법을 아는 것을 포함한다(An, Kulm & Wu, 2004).

슐만이 제시한 교사 지식의 범주는 교사 지식에 대한 관점을 넓히는 데 큰 기여를 하였다. 특히, 교수학적 내용 지식은 성공적인 교수에 있어 교사 지식의 중요성과 교사 지식에 대한 연구에 큰 영향을 미쳤다. 그러나 이와 동시에 슐만의 지식 범주에 대한 비판적 시각도 존재하는데, 이 범주들이 교사 지식의 다양하고 역동적인 측면을 충분히 설명하지 못하며(Meredith, 1993; Stones, 1992), 그로 인해 교수과정을 단순한 지식의 전달 과정으로 가정한다는 것이다(Meredith, 1993; McEwan & Bull, 1991).

특히 수학 교수를 위한 교사의 지식과 관련하여, 맥나마라(McNamara, 1991)는 내용 지식이 교육학적 지식과 구별될 수 있는가에 대한 의문을 제기하며, 수학 그 자체가 추상적 개념을 이해 가능한 형태로 변환한 상태이기 때문에 이러한 수학적 개념을 수학 수업을 위해 다시 변환하는 것이 불가능하므로 교수학적 내용 지식이 수학 교사에게는 다르게 정의되어야 한다고 주장하였다.

2.3.2 페네마(Fennema)와 프랑케(Franke)의 수학 교사 지식의 구조에 관한 연구

슐만의 교사 지식에 대한 연구를 바탕으로, 페네마와 프랑케(Fennema & Franke 1992)는 수학 교수를 위한 교사의 지식을 다음과 같이 세분화하였다.

- 수학에 대한 지식(knowledge of mathematics)
  - 내용 지식(content knowledge)
    - 수학의 본질(nature of mathematics)
    - 교사 지식의 정신적 조직(mental organization of teacher knowledge)
- 수학적 표상에 대한 지식(knowledge of mathematical representations)
  - 학생에 대한 지식(knowledge of students)
  - 학생의 인지과정에 대한 지식(knowledge of students' cognitions)
    - 교수와 의사결정에 관한 지식(knowledge of teaching and decision making)

수학에 대한 지식은 수학 내용을 포함한 수학 자체 개념에 대한 이해를 뜻한다. 페네마와 프랑케(1992)는 수학 개념에 대한 교사의 이해와 수학 수업의 수준 사이에는 양의 상관관계가 있다고 주장하였다. 따라서 교사는 내용 자체에 대한 심도 깊은 지식을 갖추어야 한다.

페네마와 프랑케(1992)는 슐만의 교수학적 내용 지식을 '수학적 표상에 대한 지식(knowledge of mathematics representation)'이라고 재명명하였다. 수학은 추상적인 관념들 사이에 존재하는 관계의 집합체들로 구성되므로, 교사의 수학적 표상에 대한 지식은 학생들이 수학적 개념을 이해하는 데 중요한 역할을 한다(Turnuklu &

Yesildere, 2007). 페네마와 프랑케(1992)는 "만일 교사들이 추상적인 수학 개념들을 학생들이 이미 알고 있는 지식과 관련지어 이해할 수 있는 형태로 표현하지 못한다면, 학생은 이해를 바탕으로 한 학습을 할 수 없을 것이다(p. 153)."라고 진술하였다.

학생에 대한 지식은 학생에 대한 이해와 학생들이 속한 교육적 상황에 대한 지식을 일컫는다(Fennema & Franke, 1992). 페네마와 프랑케(1992)에 따르면, 학습은 교실에서 이루어지는 것을 기본 전제로 한다. 따라서 교사는 학생들이 속한 환경과 그들이 그 안에서 하는 행동들에 대하여 이해해야 한다.

페네마와 프랑케는 교사의 믿음, 지식, 판단과 생각이 교실 수업 상황하에 교사의 계획과 행동에 관한 결정에 영향을 미친다고 주장하였다. 페네마와 프랑케는 이러한 지식을 교수와 의사결정에 관한 지식이라고 명명하였는데, 수학 교실에서 교사의 의사결정과정은 교사의 교수 경험에 따라 달라질 수 있다. 이와 관련하여, 효율적인 수학 수업을 위해 교사들이 어떻게 성공적으로 의사결정을 내리는지에 대한 면밀한 조사가 추가적으로 필요하다고 주장하였다(Robinson, Even & Tirosh, 1994).

페네마와 프랑케(1992)는 슐만의 교사 지식의 범주 정의를 바탕으로 수학 교사의 지식의 하위 범주들을 제시하였다. 비록 슐만의 정의에서 크게 벗어나지는 못했지만, 페네마와 프랑케는 실제 수업에 필요한 상호작용적이고 역동적인 교사 지식의 측면에 더 초점을 맞추어 수학 교수를 위한 교사의 지식을 이해하기 위해 노력하였다.

2.3.3 힐(Hill), 볼(Ball)과 실링(Schilling)의 수학 교수를 위한 교사 지식의 하위 범주

수준 높은 수학 교사가 되기 위해서 교사는 특정한 수학 개념을 모든 학생이 이해할 수 있는 형태로 제시하는 방법, 학생에게 특정한 수학 지식을 제공하는 방법, 학생의 수학적 질문에 답변하는 방법, 그리고 교육과정과 수학 교수·학습 자료를 적절히 활용하는 방법들에 대한 지식이 있어야 한다(Kilic, 2011). 이러한 관점에서 볼, 템스, 펠프스(Ball, Thames & Phelps, 2008)는 슐만의 최초 지식의 범주를 바탕으로 수학 교수 학습에 필요한 지식에 대한 범주를 다음과 같이 새로이 제시하였다.

◆ **교수학적 내용 지식**(pedagogical content knowledge)

- 내용과 학생에 관한 지식(knowledge of content and students): 수학에 대해 아는 것과 학생에 대해 아는 것을 결합한 지식으로, 교사로 하여금 학생들의 수학적 사고과정을 예측하는 데 도움을 주는 지식
- 내용과 교수에 관한 지식(knowledge of content and teaching): 교수법에 대해 아는 것과 수학에 대해 아는 것을 결합하는 지식으로 교사로 하여금 학생 수준에 맞는 적절한 교수법을 선정하는 데 도움을 주는 지식
- 내용과 교육과정에 관한 지식(knowledge of content and curriculum): 학습자의 수학 학습을 보조하기 위해 가능한 교구 및 교재에 관한 지식

◆ **교과 지식**(subject matter knowledge): 교수학적 내용 지식과 별개로, 교사가 수학 교육의 목표를 학부모에게 설명하는 것과 같이 특별한 상황에 필요한 교과 내용 지식

- 일반 내용 지식(common content knowledge): 수학을 알고 사용하는 다른 사람들과 공통적으로 알고 있는 수학적 지식
- 수평적 내용 지식(horizon content knowledge): 교사로 하여금 수학적 아이디어를 정확히 제시하고, 일반적인 절차와 방법에 대해 수학적으로 설명하고, 학생들이 사용하는 독특한 수학 풀이 방법에 대해 평가하도록 하는 것과 같은 특정한 교수 상황에 사용되는 지식
- 특별한 내용 지식(specialized content knowledge): 교육과정 전반에 걸친 수학 주제들 사이의 관계를 알고 이를 수업시간에 활용하는 지식

앞에서 제시한 것처럼 볼 등(2008)은 슐만의 교수학적 내용 지식에 대한 정의를 차용하여 교수학적 내용 지식과 교과지식을 구분하고 다른 교사 지식의 범주들을 재배치하였다. 또 수학 교수를 위한 교사 지식의 범주를 세분화하였지만, 각 범주의 정의와 위치, 그리고 그들 사이에 관계성은 아직 논란이 많다. 각 범주에 대하여 명확한 설명이 부족하며(Gearhart, 2007), 교수학적 내용 지식과 내용 지식 사이의 관계는 불분명하다(Mark, 1990; Eisenhart, Borko, Underhill, Brown, Jones & Agard, 1993). 또 이로 인해 교수학적 내용 지식과 교과 지식의 구분은 모호하다는 문제점이 있다(Even, 1993).

2.3.4 미시라(Mishra)와 쾰러(Koehler)의 교사 지식의 새로운 범주

2006년 미시라와 쾰러는 테크놀로지 교수학적 내용 지식(technological pedagogical content knowledge)이라는 새로운 교사 지식의 범주를 제시하였다. 테크놀로지 교수학적 내용 지식은 교과 지식, 교수학적 내용 지식, 그리고 교수·학습과 관련한 테크놀로지에 대한 지식의 교집합에서 나타난다(Niess, 2005). 그러나 이는 테크놀로지 교수학적 내용 지식이 교과 지식, 교수학적 내용 지식, 테크놀로지 지식을 단순하게 결합했다는 것을 의미하지는 않는다. 테크놀로지 교수학적 내용 지식은 교실에서 교육적으로 테크놀로지를 활용하는 효과성을 극대화하기 위해여 각각의 요소를 새로운 형태로 결합하는 변환적 지식을 일컫는다(Polly, McGee & Martin, 2010). 교사들은 수학을 지도할 때도 테크놀로지 교수학적 내용 지식이 필요하며, 이 지식의 여부는 수학 수업의 질에 영향을 미친다(Jang, Tsai, 2012). 최근 학계는 테크놀로지 교수학적 내용 지식의 존재를 인정하기 시작하였으나 아직 교사들이 어떻게 효과적으로 테크놀로지 교수학적 내용 지식을 교실에 사용하는지에 대한 조사가 더 필요하다(Grahan, Burgoyne, Catrell, Smith, Clair & Harris, 2009; Schmidt, Baran, Thompson, Mishra, Koehler & Shin, 2009).

2.4 해석적 요약 및 비판적 분석

미국과 한국 양국에서 공립학교가 세워진 이후, 초등학교 교사의 질은 학교에서 학생들의 교육의 성패를 결정짓는 중요한 요소로 여겨져 왔다. 특히, 최근의 연구들에서는 교사가 학생들의 학업 성취도에 중요한 변인이 된다는 것을 밝혀냈다(Rivers & Sanders, 2002). 또한 연구들은 교사의 수학 교수를 위한 지식이 그들의 수학 수업의 질(예: Stylianides & Ball, 2008; Ball, Thames & Phelps, 2008)과 학생들의 학습 결과에 영향을 준다는 것(예: Hill, Rowan & Ball, 2005; Tanase, 2011)을 증명하였다.

그러나 이러한 연구 결과들을 해석하는 데 있어 주의해야 할 점은 교사의 수학 교수를 위한 지식이 학생의 수학 성취도를 보여주는 지표로 잘못 해석되는 일이 없어야 한다는 점이다. 이 장에서 살펴본 선행 연구결과들은 초등학교 교사의 수학 교수를 위한 지식이 학생들의 수학 성취도를 향상시키는 필요조건이기는 하지만, 충분조건은 아니라는 점을 보여준다. 예를 들어, 힐(2004)의 연구 결과는 초등학교 교사의 수학 교수를 위한 지식이 수학 학습 성취도가 원래 낮았던 학생들의 수학 학습에는 별다른 영향을 주지 못한다는 사실을 보여주는 등 초등학교 교사의 수학 교수를 위한 지식의 효과성이 아직 충분히 검증되지 않았다.

초등학교 수학 교육이 하나의 학문으로 정립된 이래로, 수많은 수학 교육자들이 초등학교 학생들의 수학 학습과 이해를 증진시키기 위해 다양한 방법들과 이론들을 제시해왔다. 그럼에도 불구하고, 효율적인 수학 수업을 어떻게 할 것인가에 대한 의견은 아직 분분하다. 그 이유 중 하나는 수학 교육이 대상으로 하는 학생 그 자체가 복잡한 인간으로서 셀 수 없이 많은 복잡한 특성을 가지기 때문이다. 이와 유사하게 초등학교 교사의 수학 교수를 위한 지식을 정의하는 것은 쉬운 일이 아니다. 따라서 초등학교 교사의 수학 교수를 위한 지식과 그것의 효과성에 대한 다각도의 연구가 시행되어야 하며, 이를 바탕으로 교실에서 학생들의 효율적인 수학 수업을 위한 방안이 모색되어야 할 것이다.

참고문헌

Albert, L. R. (2000). Outside in, inside out: Seventh grade students mathematical thought processes. *Educational Studies in Mathematics, 41*, 109-142.

Albert, L. R. (2012). *Rhetorical ways of thinking: Vygotskian theory and mathematical learning.* New York: Springer.

An, S., Kulm, G., & Wu, Z. (2004). The pedagogical content knowledge of middle school, mathematics teachers in china and the U.S. *Journal of Mathematics Teacher Education, 7*, 145-172.

Ball. D. L. (1993). With an eye on the mathematical horizon: Dilemmas of teaching elementary school mathematics. *Elementary School Journal, 93*, 373-397.

Ball, D. L., & Bass, H. (2000). Interweaving content and pedagogy in teaching and learning to teach:Knowing and using mathematics. In J. Boaler (Ed.), *Multiple perspective on mathematics teaching and learning* (pp. 83-104). Westport, CT: Ablex.

Ball, D. L., Thames, M. H., & Phelps, G. (2008). Content knowledge for teaching: What makes it special? *Journal of Teacher Education, 59*, 389-407.

Bass, H. (2005). Mathematics, mathematicians and mathematics education. *Bulletin of the American Mathematical Society, 42*, 417-430.

Barnett, J., & Hodson, D. (2000). Pedagogical context knowledge: Toward a fuller understanding of what good science teachers know. *Science Teacher Education*, 85, 426-453.

Borko, H., & Putnam, R. T. (1996) Learning to teach. In D. C. Berliner & R. C. Calfee (Eds.), *Handbook of educational psychology* (pp. 637-708). New York: NY Macmillan.

Borman, G., & Dowling, M. (2010). Schools and inequality: A multilevel analysis of Coleman' equality of educational opportunity data. *Teachers College Record. 112*, 1201-1246.

Bruner, J. (1986). *Actual minds, possible worlds.* Cambridge, MA: Harvard University.

Bullough, R. V. (2001). Pedagogical content knowledge circa 1907 and 1987: A study in the history of an idea. *Teaching and Teacher Education, 17*, 655-666.

Chaiklin, S. (1986). Constructing productions and producing constructions. *The American Psychologist, 41*, 590-593.

Chapman, O. (2004). Facilitating peer interactions in learning mathematics: Teachers'practical knowledge. In M.J. HØines & A. B. Fuglestad (Eds.), *Proceedings of the 28th PME International Conference, 2*, 191-198.

Common Core State Standards (2010). Common Core State Standards for Mathematics. Retrieved from http://www.corestandards.org/assets/CCSSI˙Math%20Standards.pdf/.

Darling Hammond, L. (2000). Teacher quality and student achievement: A Review of state policy evidence. *Education Policy Analysis Archives, 8*, 1-44.

Dee, T. S., & Jacob, B. Brain, A. (2011). The impact of no child left behind on student achievement. *Journal of Policy Analysis and Management, 30*, 418-446.

Eisenhart, M., Borko, H., Underhill, R., Brown, C., Jones, D., & Agard, P. (1993). Conceptual knowledge falls through the cracks: Complicities of learning to teach mathematics for understanding. *Journal for Research in Mathematics Education. 24*, 8-40.

Even, R. (1993). Subject matter knowledge and pedagogical content knowledge: Prospective secondary teachers and the function concepts. *Journal for Research in Mathematics Education, 24*, 94-16.

Fennema, E., & Franke, M. (1992). Teachers'knowledge and its impact. In D.A. Grouws (Ed.) *Handbook of Research on Mathematics Teaching and Learning*. New York: Macmillan Publishing.

Fernyhough, C. (2008). Getting Vygotskian about theory of mind: Mediation, dialogue, and the development of social understanding. *Developmental Review. 28*. 225-62.

Gearhart, M. (2007). Mathematics knowledge for Teaching: Questions about Constructs. *Measurement:Interdisciplinary Research and Perspectives, 5*, 173-180.

Graham, C., Burgoyne, N., Cantrell, P., Smith, L., Clair, L., & Harris, R. (2009). TPACK development in science teaching: Measuring the TPACK confidence of inservice science teachers. *Tech Trends, 53*, 70-79.

Graham, K. J. (2001). Principles and standards for school mathematics and teacher education: Preparing and empowering teachers. *School Science and Mathematics, 101*, 319-327.

Grossman, P. L., & Richert, A. E. (1988). Unacknowledged knowledge growth: A re-examination of the effects of teacher education. *Teaching and Teacher Education, 4*, 53-62.

Grossman, P. L., Wilson, S. M., & Shulman, L. S. (1989). Teachers of substance: Subject matter knowledge for teaching. In M. Reynolds (Ed.), *The knowledge base for beginning teachers* (pp. 23-36). New York: Pergamon.

Grouws D. A. & Schultz, K. A. (1996). Mathematics teacher education, J. Sikula, (Ed.), *Handbook of Research on Teacher Education*, 2nd ed. (pp. 442-458). New York: Association of Teacher Educators.

Hanushek, E. A. (1998). Conclusions and controversies about the effectiveness of school resources. *Economic Policy Review Federal Reserve Bank of New York, 4*, 11-27.

Hardie, C. D. (1942). *Truth and fallacy in educational theory.* Cambridge: Cambridge University Press.

Hiebert, J., Carpenter, T. P., Fennema, E., Fuson, K. C., Wearne, D., Murray, H., Olivier, A., & Human, P.(1998). *Making sense: Teaching and learning mathematics with understanding.* Portsmouth, NH:Heinemann.

Hill, H. C. (2004). Professional development standards and practices in elementary school mathematics. *Elementary School Journal, 104*, 345-363.

Hill, H. C., Ball, D. L., & Schilling, S. G. (2008). Unpacking pedagogical content knowledge: Conceptualizing and measuring teachers'topic-specific knowledge of students. *Journal for Research in Mathematics Education. 39*, 372-400.

Hill, H. C., Schilling, S. G., & Ball, D. L (2004). Developing measures of teachers'mathematics knowledge for teaching. *Elementary School Journal, 105*, 11-30.

Hill, H. C., Rowan, B., & Ball, D. L. (2005). Effects of teachers' mathematical knowledge for teaching on student achievement. *American Educational Research Journal, 42*(2), 371-406.

Jang, S. J., & Tsai, M. F. (2012). Exploring the TPACK of Taiwanese elementary mathematics and science teachers with respect to use of interactive whiteboards. *Computers & Education, 59*, 327-338.

Kılıc, H. (2011). Preservice secondary mathematics teachers'knowledge of students. *Turkish Online Journal of Qualitative Inquiry, 2*(2), 17-36.

Kinach, B.M. (2002). A cognitive strategy for developing pedagogical content knowledge in the secondary mathematics methods course: toward a model of effective practice. *Teaching and Teacher Education, 18*, 51-71.

Klein, R., & Tirosh, D. (1997). Teachers'pedagogical content knowledge of multiplication and division of rational numbers. In H. Pehkonen (Ed.), *Proceedings of the 21st PME International Conference, 3*, 144-152.

Labaree, D. F. (2008). An uneasy relationship: The history of teacher education in the university. In M. Cochran-Smith, S. Feiman-Nemser, & J. McIntyre (Eds.), *Handbook of Research on Teacher Education* (3rd ed., pp. 290-06). New York: Routledge.

Lagemann, E. C. (2000). *An elusive science: The troubling history of education research.* Chicago, IL: University of Chicago Press.

Ma, L. (2010). *Knowing and teaching elementary mathematics: Teachers' understanding of fundamental mathematics in China and the United States.* New York, NY: Routledge.

Marks, R. (1990). Pedagogical content knowledge: From a mathematical case to a modified conception. *Journal of Teacher Education, 41*, 3-11.

McEwan, H. and Bull, B. (1991). The pedagogic nature of subject matter knowledge. *American Educational Research Journal, 28*, 316-334.

McKnight, C. C., Crosswhite, F. J., Dossey, J. A., Kifer, E., Swafford, J. O., Travers, K. J., & Cooney, T. J. (1987). *The underachieving curriculum: Assessing U.S. school mathematics from an international perspective.* Champaign, IL: Stipes Publishing Company.

McNamara, D. (1991) Subject knowledge and its application: Problems and possibilities for teacher educators. Journal of Education for Teaching, 17, 113-128.

Meredith, A. (1993) Knowledge for teaching mathematics: Some student teachers'views. *Journal of Education for Teaching, 19*, 325-338.

Meredith, A. (1995) Terry' learning: Some limitations of Shulman' pedagogical content knowledge. *Cambridge Journal of Education, 25*, 175-187.

Mishra, P., & Koehler, M. J. (2006). Technological pedagogical content knowledge: A new framework for teacher knowledge. *Teacher College Record, 108*, 1017-1054.

Moschkovich, J. (2002). A situated and sociocultural perspective on bilingual mathematics learners. *Mathematics Thinking and Learning, 4*, 189-212.

National Council of Teachers of Mathematics. (1991). *Professional standards for teaching mathematics.* Reston: VA.

National Council of Teachers of Mathematics. (2000). *Principles and Standards for school mathematics.* Reston: VA.

Needels, M. C. (1988). A new design for process-product research on the quality of discourse in teaching. *American Educational Research Journal, 25*, 503-26.

Niess, M. L. (2005). Preparing teachers to teach science and mathematics with technology: developing a technology pedagogical content knowledge. Teaching and Teacher Educa*tion, 21*, 509-23.

Park, K. (2010). Mathematics teacher education in Korea. In Koon, F., Leung, S., & Li, Y. (Eds.), *Reforms and issues in school mathematics in East Asia: Sharing and understanding mathematics education policies and practices* (pp. 181-196). Chesapeake, VA: AACE.

Parker, J & Heywood, D. (2000). Exploring the relationship between subject knowledge and pedagogic content knowledge in primary teachers'learning about forces. *International Journal of Science Education, 22*, 89-111.

Polly, D., McGee, J. R., & Martin, C. S. (2010). Employing technology-rich mathematical task in professional development to develop teachers'technological, pedagogical, and content knowledge (TPACK). *Jl. Of Computers in Mathematics and Science Teaching, 29*, 455-472.

Ponde, J. P. D., & Chapman, O. (2006). Mathematics Teachers'Knowledge and Practice. In Gutierrez, A. & Boero. P. (Eds.), *Handbook of Research on the Psychology of Mathematics Education: Past, Present, and Future*, (pp. 461-494). The Netherlands: Sense Publishers.

Porter, A., McMaken, J., Hwang, J., & Yang, R. (2012). Common core standards: The new U.S. intended curriculum. *Educational Researcher, 40*, 103-116.

Rahman, F, A., Scaife, J., Yahya, N. A., & Jalil, H. A. (2010). Knowledge of diverse learners: Implications for the practice of teaching. *International Journal of Instruction, 3*, 83-96.

Richards, J., & T. Farrell (2005). *Professional development for language teachers: Strategies for teacher learning.* Cambridge, England: Cambridge University Press.

Rivers, J. C., & Sanders, W. L. (2002). Teacher quality and equity in education opportunity: Findings and policy implications. In L. T. Izumi & M. E. Williamson (Eds.), *Teacher quality* (pp. 13-3). Stanford, CA: Hoover Press.

Robinson, N., Even, R., & Tirosh, D. (1994). How teachers deal with their students'conceptions of algebraic expressions as incomplete. In J. P. Ponte & J. F. Matos (Eds.), *Proceedings of the 18th PME International Conference, 4*, 129-136.

Rowland, T., P. Huckstep, P., & Thwaites, A. (2005). Elementary teachers'mathematics subject knowledge: The knowledge quartet and the case of Naomi. *Journal of Mathematics Teacher Education, 3*, 255-81.

Schmidt, D. A., Baran, E., Thompson, A. D., Mishra, P., Koehler, M. J., & Shin, T. S. (2009).

Technological pedagogical content knowledge (TPACK): The development and validation of an assessment instrument for preservice teachers. *Journal of Research on Technology in Education, 42*, 123-149.

Schwab, J. J. (1964). The structure of the disciplines: Meanings and significances. In: G.W. Ford and L. Pugno, (Eds.), *The structure of knowledge and the curriculum* (pp. 6-30), Chicago, IL: Rand McNally.

Segall, A. (2004) Revisiting pedagogical content knowledge: The pedagogy of content/the content of pedagogy. *Teaching and Teacher Education*, 20, 489-504.

Seoul National University of Education. (2012). Bulletin. Retrieved from http://www.snue.ac.kr.

Shulman, L. S. (1986). Paradigms and research programs in the study of teaching: A contemporary perspective. In M. C. Wittrock (Ed.), *Handbook of Research on Teaching* (3rd ed., pp. 3-36). New York, NY: Macmillan Publishing Company.

Steele, D. F. (2001). Using sociocultural theory to teach mathematics: A Vygotskian perspective. *School Science and Mathematics, 101*, 404-416.

Stones, E. (1992). *Quality Teaching: A sample of cases.* London, England: Routledge.

Stylianides, A. J., & Ball, D. L. (2008). Understanding and describing mathematical knowledge for teaching: Knowledge about proof for engaging students in the activity of proving. *Journal of Mathematics Teacher Education, 11*, 307-332.

Tanase, M. (2011). Teaching place value concepts to first grade Romanian students: Teacher knowledge and its influence on student learning. *International Journal for Mathematics Teaching and Learning.* Retrieved from http://www.cimt.plymouth.ac.uk/journal/.

The Ministry of Education. (2013). The educational history of South Korea. Retrieved from http://www.mest.go.kr. The National Commission on Excellence in Education. (1983). A nation at risk: The imperative for education reform. Retrieved from http://datacenter.spps.org/uploads/SOTW˙A˙Nation˙at˙Risk˙1983.pdf.

Turnuklu, E., & Yesildere, S. (2007). The pedagogical content knowledge in mathematics: Pre-Service primary mathematics teachers'perspective in Turkey. *IUMPST: The Journal, 1*, 1-13.

U.S. Department of Education, Office of Policy Planning and Innovation. (2003) *Meeting the Highly Qualified Teachers Challenge: The Secretary' Second Annual Report on Teacher Quality*, Washington, D.C.

Vygotsky. L. S. (1978). *Mind in society: The development of higher psychological processes.* Cambridge, MA: Harvard University Press.

Vygotsky, L. S. (1981). The development of higher forms of attention in childhood. In J. V. Wertsch (Ed.), *The concept of activity in Soviet psychology* (pp. 189-240).

Armonk, N.Y.: Sharpe.

Vygotsky, L. S. (1997). Genesis of higher mental functions. In R. W. Rieber (Ed.). *The collected works of L. S. Vygotsky* (Vol. 4, pp.1-251). New York: Plenum (Original work published 1931).

Wertsch, J.V. (1985a), *Culture, communication and cognition: Vygotskian perspectives*, Cambridge, England: Cambridge University Press.

Wertsch, J. V. (1985b). *Vygotsky and the social formation of mind.* Cambridge, MA: Harvard University Press.

Wilson, S., Shulman, L., & Richert, A. (1987). 150 different ways of knowing: Representations of knowledge in teaching. In J. Calderhead (Ed.), *Exploring teachers' thinking* (pp. 104-123). Eastbourne, England: Cassell.

Wiseman, D. L., Cooner, D. D., & Knight, S. L. (1999). *Becoming a teacher in a field-based setting.* New York: Wadsworth.

제 3 장

방법론적 접근

이 연구의 목적은 한국 초등학교 교사의 수학 교수를 위한 지식을 규명하는 데 있다. 이를 위해 11명 연구 참여자에게 얻은 다양한 자료들(예: 수업관찰, 수업 지도안, 면담)은 연구의 틀에 맞추어 수집되고, 분석되었다. 특히, 이 연구에서는 토대 이론을 적용하여 수학 교수학적 내용 지식과 다른 지식 범주들 간의 상관관계와 각 지식의 범주들이 어떻게 수업에 영향을 주는지를 설명하기 위해 다층구조의 모델들을 설계하였다. 데이터를 분석하는 단계에서는 연구자들의 편향에 의한 영향을 최소화하기 위해 연구대상자 검증 방법과 데이터 다각화 분석 방법이 사용되었다.

3.1 도입

안정적으로 설계된 연구 조건 중 하나는 연구의 문제와 연구 설계 및 방법론이 부합하도록 연구를 계획하는 것이다(National Research Council, 2002). 이 연구의 주 연구 문제와 하위 연구 문제들은 다음과 같다.

> 한국 초등학교 교사들은 수학 수업에서 수학 교수를 위한 지식 중 어떤 종류를 사용하는가?
>
> 1. 한국 초등학교 교사들이 가진 수학 교수와 관련된 지식의 하위 범주들은 그들의 수학 수업에 어떤 영향을 미치는가?
> 2. 한국 초등학교 교사들이 가진 수학 교수와 관련된 지식의 하위 범주들은 각각 어떻게 구성되는가?
> 3. 한국 초등학교 교사들이 가진 수학 교수와 관련된 지식의 하위 범주들은 서로 어떻게 연결되는가?

이러한 연구 문제에 대답하기 위해서, 우리는 질적 연구 방법론을 적용하였다. 이는 이 연구에서 설정한 연구 문제들이 현상에 대한 분석보다는 설명을 필요로 하기 때문이다. "질적 연구에서는, 어떻게(how) 또는 무엇(what)으로 시작하는 질문들은 현재 현상에 대한 설명적 대답을 추구한다"(Creswell, 1998, p. 17).

그뿐만 아니라 초등학교 교사의 수학 교수를 위한 지식의 실체와 그 실제적 활용을 찾아내기 위해서 이 연구는 한국 초등학교 교사들의 수업 분석에 집중하였다. 따라서 이 연구에서 찾은 결론들은 한국이라는 특수한 교육적 상황 속에서 이해되어야 할 것이다. 이러한 상황적 특수성에 대한 요구는 질적 연구 방법론의 필요성을 더욱 부각시키는데, 이는 특정한 상황 속에서 해석적인 방법이 필요할 때 가장 적합한 것이 질적 연구 방법론이기 때문이다(Babbies, 2012; Erickson, 1986).

3.2 연구 설계

이 연구에서는 교사의 언어 사용이 수학 수업에 영향을 주는 그들의 수학 교수를 위한 지식을 이해하는 필수적인 요소임을 가정하였다. 이를 바탕으로 이 연구에서는 다중 사례 연구 기법, 사회언어적 접근방법과 토대 이론을 적용하여 연구의 결론을 도출하였다.

3.2.1 다중 사례 연구

연구 문제에 답을 찾기 위해 한국 초등학교 교사의 수학 수업의 사례 중 그들의 언어 사용과 관련하여 면밀한 관찰이 필요하다. 또한 연구 중 수집된 자료들을 세밀하게 분석하기 위해, 교사들의 지식에 영향을 줄 것으로 간주되는 그들의 교육적 배경에 대해 심도 깊은 면담이 필요하다. 따라서 이 연구에 가장 적합한 연구 방법은 사례 연구라고 할 수 있다. 사례 연구는 특별한 사례의 분석을 통해 큰 현상을 이해하는 데 도움을 주는 연구 방법론이다(Rossman & Rallis, 2003). 그러나 로스만(Rossman)과 롤리스(Rallis)에 의하면, 사례 연구는 특정 사례에 집중하기 때문에 연구 결과의 일반화가 어렵다는 단점이 있다. 이러한 문제점을 극복하기 위해, 우리는 11명의 한국 초등학교 교사들을 대상으로 다중 사례 연구를 진행하였다. 다중 사례 연구는 사례 연구의 분석 단위가 되는 사건들 사이에 유사점과 차이점을 비교하는 연구 방법이다(Ayres, Kavanaugh & Knafl, 2003). 또한 다중 사례 연구는 연구자들로 하여금 새로운 이론이나 개념을 성립하는 것에 효과적인 연구 방법론이다(Ragin, 1997; Eckstein, 2002). 그럼에도 불구하고, 다중 사례 연구는 연구의 하나의 방법이기보다는 일반적인 전략으로 종종 간주된다(Stake, 2000). 이러한 비판을 극복하기 위해, 이 연구에서는 사회언어적 접근방법과 토대 이론을 사용하였다. 사회언어적 접근방법과 토대 이론에 대한 자세한 설명은 다음 절에서 기술된다.

3.2.2 사회언어적 접근방법과 토대 이론

비고츠키 이론을 바탕으로 한 이 연구의 가장 핵심적인 가설은 초등학교 교사의 언어 사용은 그들의 수학 교수를 위한 지식을 이해하는 데 가장 기본이 된다는 점이다. 이때, 언어는 음성적 혹은 비음성적 표현을 모두 포괄한다.

한국 초등학교 교사가 수학 수업 시간에 사용하는 언어의 의미를 이해하기 위해, 이 연구에서는 사회언어적 접근방법을 사용하였다. 사회언어적 접근방법이란 언어와 의사소통 방법이 개인의 정체성과 연결되어 있다는 가정을 바탕으로(Wolcott, 1994), 연구 대상자가 사용하는 언어, 행동, 기호들의 의미를 해석하는 방법이다(Rossman & Rails, 2003). 사회언어적 접근방법은 연구 참여자가 속한 상황 속에서 자연스럽게 일어나는 발화나 의사소통의 심도 깊은 분석을 추구한다(Erikson, 1986). 이때, 자연스럽게 일어나는 발화란 연구자에 의해 만들어지는 상황이 아닌 일상적인 상황 속 언어 사용을 의미하며, 연구자는 비디오 또는 오디오 녹화를 통해 연구 참여자의 언어의 의미를 분석한다. 이러한 관점에서, 이 연구에서는 교실 수업이라는 자연스러운 상황을 비디오로 녹화하여 교실 수업 상황하에서 연구 참여자의 일반적인 언어 사용을 분석하였다.

진정한 의미의 사회언어적 접근방법은 면담과 같은 자연스럽지 않은 발화 상황을 포함하지 않는다(Rossman & Rallis, 2003). 그러나 이 연구에서는 연구 참여자의 수학 교수를 위한 지식을 이해하기 위해 참여자들을 대상으로 면담을 실시하였다. 사회문화적 접근방법은 연구 참여자의 사회적 특징(예: 성별, 나이, 사회 경제적 수준 등)이 어떻게 언어를 형성하는가에 중점을 두는 반면(Gall, Borg & Gall, 1996), 이 연구는 연구 참여자의 지식이 어떻게 그들의 언어 사용에 영향을 미치는지에 관심을 두었기 때문이다. 따라서 사회적 특징으로는 알 수 없는, 연구 참여자들의 수학 교수를 위한 지식을 이해하기 위해 보다 심도 깊은 조사가 필요했다. 이러한 이유로 각 연구 참여자들을 대상으로 세 차례의 면담을 실시하였다.

앞서 밝힌 대로, 이 연구에서는 여러 연구 참여자를 대상으로 다중 사례 연구를 진행하였다. 다중 사례 연구처럼 하나의 연구 안에서 여러 가지 상황이 존재할 때, 이러한 상황들을 통합적으로 분석하기 위해서는 토대 이론이 유용하게 사용될 수 있다(Charmaz & Belgrave, 2012). 토대 이론은 자료를 분석하고 분석 결과 도출된 결과를 이론화하는데 체계적인 방법을 제공한다(Glaser & Strauss, 1967). 토대 이론의 방법론적인 측면을 토대로, 자료의 코딩을 포함하는 초기 분석과 분석 결과를 유기적으로 조직하기 위한 절차들이 진행되었다. 초기 분석 결과 도출된 코드들은 주제 중심으로 구분되었고, 자료 분석 과정에서 도출되는 새로운 관점을 바탕으로 계속 수정되었다. 이러한 과정을 통해 한국 초등학교 교사의 수학 교수를 위한 지식의 통합적 모델이 도출되었다.

3.3 연구 참여자

우리는 유의추출법을 활용하여 5년에서 15년 사이의 교직경험을 가진 11명의 한국 초등학교 교사들을 선정하였다. 유의추출법은 연구자로 하여금 연구 문제와 관련된 사례들의 특정한 측면에 관한 기준을 정하는 데 유용한 방법이다(Miles & Huberman, 1994).

연구 참여자를 선정하는 데 있어 우선시되었던 기준은 교사의 교직 경력이다. 여러 연구들은 교사의 교직 경력이 교사의 수학 교수를 위한 지식에 영향을 준다는 것을 밝혀내었다(예: Bell, Wilson, Higgins & McCoach, 2010; Li & Huan, 2008). 특히 낭(Ng, 2011)은 교사 경력에 따라 교사의 수학 교수를 위한 지식의 양이 증가하다가 일정한 경력을 지나면서 다시 감소한다고 주장하였다. 낭(2011)의 연구를 살펴보면 교직 경력 5년에서 15년 사이의 교사들이 다른 교직 경력을 가진 교사 집단보다 수학 교수를 위한 지식의 양이 통계적으로 유의미하게 높음을 알 수 있다. 또한 일반적으로 한국 초등학교 교사는 교직 경력 5년 정도 이후에 초등교육과 관련된 가장 상위 단계의 자격증을 연수 후 취득할 수 있다. 이와 같은 요인들을 고려했을 때, 우리는 최소 5년 이상의 교직 경력을 가진 초등학교 교사를 연구 대상자로 선정하는 것이 적합하다고 판단하였다. 이와 더불어, 우리는 연구 참여 교사의 교육적 배경을 고려하여 초등수학교육과 관련하여 최소한 석사 학위를 보유한 교사를 연구 참여자로 선정하였다. 교사의 교육적 배경은 앞서 개념적 틀에서 교사의 수학 교수를 위한 지식에 영향을 주는 요인으로 분석된 바 있다. 이와 같은 요소들과 함께 지리적 접근성을 감안하여, 서울에 근무하는 초등학교 교사를 대상으로 11명의 연구 참여자를 선정하였다. 각각의 연구 참여 교사는 총 세 번에 걸친 면담, 수업 지도안 제출, 관찰된 수업의 비디오 녹화와 관련한 동의서에 서명한 후 연구에 참여하였다. [표 3.1]은 가명으로 처리된 연구 참여자의 이름과 기본적인 정보를 보여준다.

표 3.1 연구 참여자에 대한 정보

성명	현재 교수 학년	교직 경력	자격증	학위
김 선생님	5학년	10년	1급 초등 정교사	초등수학교육 석사
정 선생님	4학년	5년	1급 초등 정교사	초등수학교육 석사
양 선생님	1학년	8년	1급 초등 정교사	초등수학교육 석사
최 선생님	4학년	10년	1급 초등 정교사	초등수학교육 석사
윤 선생님	3학년	10년	1급 초등 정교사	초등수학교육 석사
박 선생님	6학년	15년	1급 초등 정교사	초등수학교육 석사
이 선생님	4학년	13년	1급 초등 정교사	초등수학교육 석사
기 선생님	2학년	11년	1급 초등 정교사	초등수학교육 석사
노 선생님	5학년	7년	1급 초등 정교사	초등수학교육 석사
배 선생님	6학년	12년	1급 초등 정교사	초등수학교육 석사
조 선생님	6학년	10년	1급 초등 정교사	초등수학교육 석사

3.4 환경

한국의 초등학교 교사는 수학을 포함해 전 교과목을 가르친다. 각 수업은 40분 동안 진행되지만, 과목 및 수업 주제에 따라 수업 시간은 유동적으로 변화될 수 있다. 모든 수업은 국가 수준의 교육과정에 의해 내용이 결정된다. 각 연구 참여자의 교실 환경은 다음과 같다.

김 선생님은 2002년부터 초등학교에서 근무하기 시작했으며, 연구 연도 당시 5학년 학급의 담임을 맡고 있었다. 김 선생님의 학급은 12세 학생 42명으로 구성되었고, 그 중 21명은 남학생, 나머지 21명은 여학생으로 수업 관찰 시 모든 학생들이 참여하였다. 김 선생님에 따르면 이 학생들의 가정환경은 대부분 중산층으로, 37명의 학생들이 수학과 관련하여 학원이나 과외 같은 사교육을 받고 있으며, 전체 학생 중 90% 정도가 수학 수업에서 평균적으로 90점 이상을 받았다. 우리가 관찰한 수업 중, 김 선생님은 직육면체의 겨냥도를 그리는 방법에 대해 지도하였다. 직육면체 관련 수업 진행 전, 김 선생님의 자체 설문에 따르면 42명의 학생 중 34명이 수업 전에 학원이나 과외를 통해 이미 관련 내용을 배운 것으로 조사되었는데, 김 선생님이 실제 진단평가를 실시했을 때는 전체 학생 중 28명이 겨냥도를 그리는 방법만을 알 뿐, 겨냥도의 개념에 대해서는 제대로 이해하지 못한 것으로 나타났다.

정 선생님은 교직 경력 5년차로 4학년 학생들을 가르치고 있었다. 34명의 학생들 중 19명이 남학생이며, 15명이 여학생으로 우리가 관찰한 수업에 모든 학생들이 참여하였다. 정 선생님에 따르면 대부분의 학생들은 중산층에 속하며, 전체 학생 중 28명이 사교육을 통해 수학을 따로 배우고 있는 것으로 나타났다. 정 선생님은 전체 학생 중 30% 정도가 지난 수학 성취도 평가에서 우수한 성적을 거두었고 60% 정도가 보통 수준이며 나머지 학생들이 기대 수준보다 낮은 성취도를 보였다고 설명하였다. 우리가 관찰한 수업 중 정 선생님은 사다리꼴의 기본 개념에 대해 설명하였다. 정 선생님의 개인적인 설문 조사에 따르면 대다수의 학생이 사다리꼴의 개념에 대해 수업 전 학원이나 과외를 통해 배운 것으로 나타났다. 그러나 정 선생님의 진단평가 결과, 이 중 10명 정도의 학생만이 사다리꼴의 개념을 정확히 아는 것으로 밝혀졌다.

양 선생님은 교직 경력 8년차로 16명의 남학생과 16명의 여학생으로 구성된 1학년 학급의 담임교사이다. 32명 모두 우리가 관찰한 수업에 참여했으며, 대부분의 학생들은 중산층에 속한다. 32명의 학생 중 사교육을 받는 학생들은 없었다. 양 선생님의 설명에 따르면 초등학교 저학년의 경우 별도의 사교육을 받지 않는 것이 일반적이라고 하였다. 양 선생님은 우리가 관찰한 수업에서 두 자리 수의 셈하기를 지도하였다. 양 선생님의 자체 설문에 따르면 학급의 모든 학생들이 부모에게 두 자리 수 셈하는 방법을 배운 것으로 나타났다.

최 선생님은 2002년부터 교사생활을 하고 있으며, 연구 당해 연도에 4학년 담임교사였다. 최 선생님의 학급은 모두 26명으로, 그중 15명은 남학생이고 11명은 여학생이었다. 26명 모두 우리가 관찰한 평행사변형의 넓이에 관한 수업에 참여하였다. 최 선생님에 따르면 학생들의 가정 형편이 그리 풍족한 편은 아니라고 하였다. 또한 대부분의 학생들이 관찰 전에 이루어졌던 학업 성취도 평가에서 낮은 점수를 기록하였다. 26명의 학생 중 20명의 학생이 사교육을 통해 별도로 수학을 배우고 있는 것으로 조사되었다.

윤 선생님은 교직 경력 10년차로 연구 당시 3학년 학급의 담임교사였다. 윤 선생님의 학급은 16명의 남학생과 12명의 여학생으로 구성되었고, 모든 학생들이 관찰된 수업에 참여하였다. 윤 선생님에 따르면 대부분의 학생들의 가정 형편이 경제적으로 넉넉한 편은 아니었으나 수학 학업 성취도는 나쁘지 않은 편이라고 하였다. 반 전체 학생 중 15명이 수학 관련 사교육을 받는 것으로 조사되었다. 윤 선생님은 우리가 관찰한 수업에서 밀리미터와 센티미터의 관계에 대해 지도하였다. 이 내용은 길이와 시각에 관한 단원 중 첫 번째 차시로, 윤 선생님의 자체 설문 결과 거의 모든 학생들은 수업 전에 밀리미터와 센티미터에 대해 알았고, 자를 이용해 측정하는 기술이 양호한 것으로 나타났다. 윤 선생님은 이러한 설문 결과를 바탕으로 길이를 측정하는 기술보다는 길이의 개념을 심도 깊게 이해하는 것에 중점을 두고 수업을 진행하였다.

박 선생님은 교직 경력 15년차로, 36명으로 구성된 5학년 학급의 담임 교사였다. 36명 중 20명은 남학생, 16명은 여학생으로 모두 관찰 수업에 참여하였다. 박 선생님의 설명에 따르면, 대부분의 학생들의 가정 형편이 경제적으로 넉넉한 편이 아니었고, 수학 학업 성취도도 낮은 편이라고 하였다. 그럼에도 불구하고 80% 정도의 학생들이 사교육을 받는 것으로 조사되었으며, 일부분은 중학교 교육과정의 내용까지 학습하고 있는 것으로 나타났다. 우리가 관찰한 박 선생님의 수업은 원기둥의 겨냥도에 관한 내용이었다.

이 선생님은 교직 경력 13년차 초등학교 교사로, 3학년 학급의 담임교사로 재직 중이었다. 31명의 학급 학생 중 16명은 남학생이고 15명은 여학생이었는데, 모두 우리가 관찰한 수업에 참여하였다. 이 선생님으로부터 얻어진 정보에 의하면 이 학급의 학생들은 가정환경이 중산층이었고, 전체 학생 중 14명의 학생들이 수학 학습에 문제가 없음에도 불구하고 사교육을 받는 것으로 나타났다. 우리가 관찰한 수업에서 이 선생님은 학생들에게 넓이의 단위인 제곱센티미터에 대해 지도하였다. 이 선생님의 자체 설문에 의하면 20명 정도의 학생들이 수업 전에 이미 넓이를 구하는 방법을 배운 것으로 조사되었다.

기 선생님은 교직 경력 11년차로, 3학년 학급의 담임교사이다. 현재 근무하고 있는 학교는 서울시교육청에서 지정된 연구학교이며, 학급에는 14명의 남학생과 11명의 여학생이 있었고, 모든 학생들은 우리가 관찰한 수업에 참여하였다. 대부분의 학생들이 중산층이었고, 수학 학업 성취도가 높은 편이었다. 학생들은 사교육을 받지는 않지만, 부모에게 수학 수업 관련 지도를 받는 것으로 조사되었다. 기 선생님은 수업 중 두 자리 수를 더하고 빼는 여러 가지 방법에 대해 지도하였다.

노 선생님은 교직 경력 12년차로, 16명의 남학생과 14명의 여학생으로 이루어진 5학년 학급의 담임교사였다. 우리가 관찰한 수업에는 모든 학생들이 참여하였다. 노 선생님의 조사에 따르면 대부분의 학생들은 경제적으로 풍족하지 않은 가정 형편에도 불구하고 사교육을 통해 별도의 수학 수업을 받는 것으로 나타났으며, 학생들의 수학 학습 성취도는 평균 정도로 조사되었다. 우리가 관찰한 수업 도중, 노 선생님은 직육면체의 기본 개념에 대해 지도하였다. 노 선생님의 개인적인 설문에 따르면 학급의 90% 정도의 학생들이 이미 수업 전에 배울 내용에 대해 아는 것으로 조사되었다. 그러나 노 선생님이 학생들과 개별 면담을 해본 결과, 대부분의 학생들은 그저 입체도형과 관련된 여러 정의들을 외울 뿐 입체도형의 여러 요소들 간의 관련성에 대해서는 이해하지 못하고 있는 것으로 나타났다.

배 선생님은 2005년부터 초등학교 교사로 근무하고 있었으며, 15명의 남학생과 12명의 여학생으로 구성된 6학년 교실의 담임교사로 재직 중이다. 모든 학생들은 우리가 관찰한 수업에 참여하였으며, 대부분의 학생들은 중산층이었다. 교사로부터 획득한 정보에 의하면, 대부분의 학생들은 사교육을 받는 것으로 나타났으며, 90% 정도의 학생이 수학 학업 성취도 평가에서 높은 점수를 기록하는 것으로 조사되었다. 우리가 관찰한 수업 중에 배 선생님은 원의 지름과 원주와의 관계에 대해 학생들에게 가르쳤다. 배 선생님의 자체 설문에 의하면 22명의 학생이 이미 수업 전에 이와 관련한 내용들을 배웠다고 답변하였으며, 이 중 일부는 원과 관련하여 중학교 때 배우는 내용까지 이미 배웠다고 응답하였다. 그러나 배 선생님은 대부분의 학생들은 반지름과 원주와의 관계를 이해한다기보다 단순히 원주를 구하는 공식과 원의 넓이를 구하는 공식만을 외우고 기계적으로 문제를 해결할 뿐이라고 파악했다.

조 선생님은 2002년부터 초등학교 교사로 근무했으며 22명의 남학생과 19명의 여학생으로 구성된 6학년 학급의 담임교사로 근무 중이다. 모든 학생들은 우리가 관찰한 수업에 참여하였으며, 전체 학생 중 34명이 사교육을 받고 있는 것으로 조사되었다. 우리가 관찰한 수업 중, 조 선생님은 학생들에게 쌓기나무로 쌓은 여러 가지 모양을, 위, 앞, 옆에서 본 모양을 그리는 방법에 대해 지도하였다. 조 선생님의 개인적인 설문 결과, 32명의 학생들이 수업 전에 이미 수업 내용에 대해 개인적으로 배웠다고 답변하였으며, 진단평가에서도 대부분의 학생들이 쌓기나무를 위, 앞, 옆에서 본 모양을 능숙하게 그리는 것으로 조사되었다. 조 선생님은 이미 학생들이 배워야 할 내용에 대해 충분히 알기 때문에, 수업 시간에 학생의 흥미를 유지시키는 부분에 중점을 두어 수업을 진행할 계획이라고 밝혔다.

전체적으로 교실 환경을 살펴보면, 학생들의 학년, 사회적 계층, 수학 능력, 수업 내용 등은 사례마다 다양하였으나, 일반적으로 많은 수의 학생들이 사교육을 통해 별도의 수학 수업을 받고 있는 것이 공통점으로 나타났다. 또한 교사들은 학생들이 학교에서 배워야 할 내용을 미리 학습해오는 것에 대해 부정적인 태도를 나타냈는데, 학생들이 수학 개념을 이해하지 못하고 문제 푸는 방법만 아는 것을 가장 큰 문제점으로 꼽았다. 또한 교사들은 자신들의 수업에서는 수학 개념과 학생의 흥미를 중요하게 여기기 때문에 사교육의 수학 교육과 다르다고 주장하였다.

3.5 자료 수집

이 연구에서는 토대 이론을 바탕으로 연구 내내 지속적으로 자료를 수집하였다. 자료는 수집되는 동시에 분석되었으며, 분석 결과는 향후 자료 수집 과정에 영향을 주었다. 수집된 자료의 종류와 분석방법은 다음과 같다.

3.5.1 면담

이 연구에서는 각 연구 참여 교사들을 대상으로 세 번의 반구조화 면담을 진행하였다. 첫 번째 면담은 교육 배경 및 수학 교육에 대한 신념 등과 같은 개인의 신상 정보에 대한 내용으로 진행되었으며, 두 번째 면담은 교사들로 하여금 학생들의 수학 문제 풀이 과정 및 결과를 분석하도록 하고, 분석 결과에 대한 교사의 소견을 듣는 방식으로 실시되었다. 특히, 두 번째 면담에서는 볼(Ball, 1988)에 의해 개발된 설문지를 활용하였다. 세 번째 면담에서는 관찰된 교실 수학 수업 내용을 바탕으로 교사의 수업 의도와 관점, 수업 중 발문과 학생과의 상호작용에 있어서 교육적 의도에 대한 내용을 질문하였다.

3.5.2 수업 관찰

두 번째 연구 자료는 연구 참여 교사들의 실제 수학 수업을 관찰한 내용이다. 40분의 수학 수업을 관찰·기록하기 위해 교실 뒤편에 비디오 녹화 장치가 설치되었으며, 연구자들은 교실 뒤편에서 수업을 참관하면서 여러 가지 수업 현상과 궁금증에 대한 기록을 남겼다.

로스만과 롤리스(Rossman & Rollis, 2003)에 따르면, 연구 참여자의 행동은 계획적이며 그들의 가치와 신념을 반영한다. 따라서 우리는 수업 현상을 그대로 기술하는 것보다는 교사들의 의도와 함께 해석하는 것이 수학 교수를 위한 교사의 지식을 이해하는 데 더 효과적이라 판단하였다. 이와 같은 판단을 바탕으로 수업 관찰 자료는 수업 중 교사의 수업 의도에 대한 분석을 포함하는 세 번째 연구자료와 함께 해석되었다.

3.5.3 수업 지도안

마지막 연구 자료는 관찰 수업을 위해 연구 참여자들이 제작한 수업 지도안이었다. 수업 지도안의 분석은 교사들이 그들의 수업을 어떻게 인지하고 계획을 세웠는가에 대한 통찰을 제공한다(Leinhardt, 1993; Stigler, Fernandez & Yoshida, 1996). 또한 수업 내용과 함께 지도안을 살펴보는 것은 연구자로 하여금 수업 진행자의 교육학적 의도를 파악하도록 하는 데 도움을 줄 수 있다(Cai, 2005). 이 연구에서 11명의 연구 참여 교사들은 2개의 수업 지도안을 제출했는데, 하나의 지도안은 관찰할 수업을 위한 것이고, 다른 하나는 교사가 다른 수업을 위해 만들어두었던 지도안 중 하나이다. 두 번째 지도안을 요구한 이유는 교사로 하여금 수업 관찰을 위해 지도안을 특별하게 개발하는 것을 방지하기 위함이었다. 이 연구에서는 평상시 수학 수업 상황에서 사용하는 교사의 수학 교수를 위한 지식의 분석을 목적으로 하였기 때문에, 특정한 목적을 염두에 두고 고안된 지도안은 교사의 일반적인 지식을 살펴보는 데 방해 요소가 될 수 있기 때문이다. 따라서 총 22개의 지도안이 이 연구를 위해 수합되었으며, 우리는 지도안을 이 연구의 이론적 배경과 개념적 틀, 그리고 다른 여러 자료들과 함께 분석하였다.

3.6 자료 분석

자료 분석과정에서 우리는 축 코딩(axial coding) 방법을 이용하여 원 코드 간 상관관계를 분석하였다. 토대 이론에서 축 코딩의 사용은 코드들 사이에 연결과정에서 유용하게 사용된다(Strauss & Corbin, 1994). 자료 분석 결과, 우리는 다섯 가지 주요 테마를 찾아낼 수 있었는데, 수학 교육과정 지식, 수학 학습자 지식, 수학 기본 개념 지식, 수학 교수학적 내용 지식, 수학 교수학적 절차 지식이 그것이다. 이 테마들 중 몇 가지는 하위 테마도 있다. 예를 들어, 수학 교육과정 지식은 수평적 교육과정과 수직적 교육과정 지식이라는 2개의 하위 범주가 있다. [그림 3.1]은 이 연구에서 테마를 도출해내는 과정을 보여준다.

세 번째 단계 | 적용

한국 초등학교 교사의 수학 교수를 위한 지식의 구조

두 번째 단계 | 테마

1. 수학 교육과정 지식
   - 수평적 수학 교육과정 지식
   - 수직적 수학 교육과정 지식

2. 수학 학습자 지식
   - 학습자의 수학적 지식
   - 학습자의 수학적 기능
   - 학습자의 수학적 태도

3. 수학 기본 개념 지식
   - 내적인 수학 기본 개념 지식
   - 외적인 수학 기본 개념 지식

4. 수학 교수학적 내용 지식

5. 수학 교수학적 절차 지식

첫 번째 단계 | 최초의 코드

1A. 교실 교육과정
1B. 국가수준 수학 교육과정
1C. 학습의 순서
1D. 교육과정과 관련된 수학 교수 · 학습 이론
1E. 학년별 수학 주제와 단원
1F. 학년간 수학 주제와 단원들 사이의 관계

2A. 학생들의 질문에 응답
2B. 학생들의 수학적 사고를 촉진
2C. 수학 수업 시간에 학습자의 수학적 학습 배경을 활용
2D. 수학 수업 시간에 학습자의 수학 학습에 대한 태도를 반영
2E. 학년별 수학 주제와 단원
2F. 수학 수업 시간에 학습자의 수학 능력을 활용

3A. 초등학교 교육과정 내의 수학 개념에 대한 지식
3B. 수학적 절차에 대한 지식
3C. 수학적 표상에 대한 지식

4A. 지도안 설계와 관련된 지식
4B. 수학 수업을 진행하는 것과 관련된 지식
4C. 학생들의 수학 과제물을 평가하는 것에 관련된 지식

5A. 의사결정

원 재료

인터뷰, 수업 관찰, 지도안 분석에서 얻어진 원자료

그림 3.1 자료 분석 및 조직 과정

[그림 3.1]에 제시된 바와 같이 자료 분석의 두 번째 단계에서는 최초의 코드들을 이용하여 연구 참여자들의 데이터를 분석하기 위해 필요한 틀에 해당하는 테마들을 도출하였다.

[표 3.2]는 도출된 테마들이 면담, 수업관찰, 지도안 분석에서 얻어진 자료들 중 어떤 자료와 연관되는지를 보여준다. [표 3.2]에서 제시된 대로 각 테마들은 모두 2개 이상의 서로 다른 자료들을 바탕으로 도출되었음을 알 수 있다. 자료 수집 시 다양한 자료의 원천과 다양한 자료를 바탕으로 테마를 도출하는 데이터 다각화 방법의 사용은 연구자의 선입견으로 하나의 자료만을 해석하여 연구의 타당도를 저해하는 위험요소를 제거하는 데 유용하다(Anfara, Brown & Mangione, 2002).

표 3.2 분석 결과 및 데이터 다각화

주요 분석 결과들	자료의 출처*				
	면1	면2	면3	관	지
테마 1: 한국 초등학교 교사의 수학 교육과정 지식					
1. 수평적 수학 교육과정 지식	×	×	×	×	×
2. 수직적 수학 교육과정 지식	×	×	×	×	×
테마 2: 한국 초등학교 교사의 수학 학습자 지식					
1. 학생의 수학적 지식		×	×	×	×
2. 학생의 수학적 기능		×	×		×
3. 학생의 수학적 태도		×	×	×	×
테마 3: 한국 초등학교 교사의 기초 수학 개념 지식					
1. 내적인 수학 개념 지식		×	×	×	×
2. 외적인 수학 개념 지식		×	×	×	×
테마 4: 한국 초등학교 교사의 수학 교수학적 내용 지식		×		×	×
테마 5: 한국 초등학교 교사의 수학 교수학적 절차 지식		×		×	×

* 면: 면담, 관: 수업 관찰, 지: 지도안

이러한 과정을 통해 수집한 자료들로부터 우리는 다섯 가지 주요한 테마인, 수학 교육과정 지식, 수학 학습자 지식, 기초 수학 개념 지식, 수학 교수학적 내용 지식, 수학 교수학적 절차 지식을 발견하였다. 각 테마별 설명은 제4장에서부터 제7장까지 제공될 예정이다.

참고문헌

Anfara, V, A., Brown, K, M., & Mangione, T, L. (2002) Qualitative Analysis on Stage: Making the research process more public. *Educational Researcher, 31*, 28-8.

Ayres, L., Kavanaugh, K., & Knafl, K. A. (2003). Within-case and across-case approaches to qualitative data analysis. *Qualitative Health Research*, 13, 871-883.

Babbie, E. (2012). *The practice of social research.* 13th ed. Belmont, CA: Wadsworth.

Ball. D. L., (1988). *Knowledge and reasoning in mathematical pedagogy: Examining what prospective teachers bring to teacher education.* Unpublished dissertation.

Bell, C, A., Wilson, S., Higgins, T., & McCoach, D. B. (2010). Measuring the effects of professional development on teacher knowledge: The case of developing mathematical ideas. *Journal for research in mathematics education, 41*, 479-512.

Cai, J. (2005). U.S. and Chinese teachers'constructing, knowing, and evaluating representations to teach mathematics. *Mathematical Thinking and Learning an International Journal, 7*, 135-169.

Charmaz, K. (2000). Grounded theory: Objectivist and constructivist methods. In M. K. Denzin & Y. S. Lincoln (Eds.), *Handbook of qualitative research* (2nd ed.; pp. 509-535). Thousand Oaks, CA: Sage.

Charmaz, K. & Belgrave, L. L. (2012). Qualitative interviewing and grounded theory analysis. In J. F. Gubrium, J. A., Holstein, Mavasti, A. B., McKinney, K. D. (Eds.), *The Sage handbook of interview research: The complexity of the craft* (pp. 348-364). Thousand Oaks, CA: Sage.

Creswell, J. W. (1998). Qualitative inquiry and research design: *Choosing among five traditions.* Thousand Oaks, CA: Sage.

Eckstein, H. (2002). Case study and theory in political science. In Roger Gomm, Martyn Hammersley, & Peter Foster (Eds.), *Case Study Method: Key Issues, Key Text* (pp. 119-163). London: Sage Publications.

Erickson, F. (1986). Qualitative methods in research on teaching. In M. C. Wittrock (Ed.), *Handbook of research on teaching* (3rd ed.; pp. 119-161). New York, NY:

Macmillan Publishing Company.

Gall, M. D., Borg, W. R., & Gall, J. P. (1996) *Educational Research: An Introductio*n (6th ed.). White Plains, NY: Longman.

Glaser, B. G., & Strauss, A. L. (1967). *The discovery of grounded theory: Strategies for qualitative research.* Chicago: Aldine.

Hill, H. C. (2008). Mathematical knowledge for teaching and the mathematical quality of instruction: An exploratory study. *Cognition and Instruction, 26*, 430-511.

Hill, H. C., Rowan, B., & Ball, D. L. (2005). Effects of teachers' mathematical knowledge for teaching on student achievement. *American Educational Research Journal*, 42, 371-406.

Leinhardt, G. (1993). On teaching. In R. Glaser (Ed.), *Advances in instructional psychology* (pp.1-54). Hillsdale, NJ: Lawrence Erlbaum Associates, Inc.

Li, Y., & Huang, R. (2008). Chinese elementary mathematics teachers'knowledge in mathematics and pedagogy for teaching: The case of fraction division. ZDM-*The International Journal of Mathematics Education. 40*, 845-859.

Miles, M. B., & Huberman, A. M. (1994). *Qualitative data analysis: An expanded sourcebook* (2nd ed.). Thousand Oaks, CA: Sage.

National Research Council. (2002). *Scientific research in education.* Washington, D.C.: National Academy Press.

Ng, D. (2011). Indonesian primary teachers' mathematical knowledge for teaching geometry: Implications for educational policy and teacher preparation programs. *Asia-Pacific Journal of Teacher Education*, Vol. *39*, 151-164.

Ragin, C. (1997). Turning the tables: How case-oriented research challenges variable-oriented research. *Comparative Social Research, 16*, 27-42.

Rossman, G. B., & Rallis, S. F. (2003). *Learning in the field: An introduction to qualitative research* (3rd ed.). Thousand Oaks, CA: Sage.

Stake, R. E. (1995). *The art of case study research.* Thousand Oaks, CA: Sage.

Stake, R. E. (2000). Case studies. In N. K. Denzin & Y. S. Lincoln (Eds.), *Handbook of qualitative research* (2nd ed.; pp. 435-454). Thousand Oaks, CA: Sage.

Stigler, J. W., Fernandez, C., & Yoshida, M. (1996). Traditions of school mathematics in Japanese and American elementary schools. In L. P. Steffe, P. Nesher, P. Cobb, G. A. Goldin, & B. Greer (Eds.), *Theories of mathematics learning* (pp. 149-177). Hillsdale, NJ: Lawrence Erlbaum Associates, Inc.

Strauss, A., & Corbin, J. (1994). Grounded theory methodology: An overview. In N. Denzin & Y. Lincoln (Eds.), *Handbook of qualitative research* (pp. 509-536). Thousand Oaks, CA: Sage.

Tanase, M. (2011). Teaching place value concepts to first grade Romanian students: Teacher knowledge and its influence on student learning. *International Journal for Mathematics Teaching and Learning.* Retrieved from http://www.cimt.plymouth.ac.uk/journal/.

Wolcott, H. F. (1994). Transforming qualitative data: *Description, analysis, and interpretation.* Thousand Oaks, CA: Sage.

Yin, R. K. (2014). *Case study research: Design and methods.* Thousand Oaks, CA: Sage.

제 4 장

한국 초등학교 교사의 수학 교수를 위한 지식의 범주 I : 수학 교육과정 지식

수학 교육과정 지식은 국가 수준 수학 교육과정에 따라 제시되는 수학 학습 주제들의 학년 내 혹은 학년 간 순서에 대한 초등학교 교사의 이해를 뜻한다. 수학 교육과정 지식은 수평적 교육과정 지식과 수직적 교육과정 지식이라는 2개의 하위 지식의 범주들을 포함한다. 수평적 교육과정 지식은 한 학년에 걸쳐 학생들이 배우게 되는 수학 학습 주제들의 순서에 관한 지식을 지칭하며(예: 1학년에서 배우게 되는 수학 주제들), 수직적 교육과정 지식은 여러 학년에 걸쳐 배우게 되는 수학 주제들의 연관성에 대한 지식을 뜻한다(예: 1학년부터 3학년까지 배우게 되는 수학 주제들). 자료 분석 결과, 수학 교육과정 지식은 교사가 학생의 수학적 학습 배경을 이해하는 데 중요한 역할을 하며, 수업을 계획할 때 가르칠 수학 개념의 범위를 결정짓는 기준을 제공하는 것을 알 수 있었다.

4.1 도입

자료의 분석 결과 우리는 초등학교 교사들이 심도 깊은 교육과정 지식이 있음과 교육과정 지식이 교사들의 수업에 다양한 측면으로 영향을 준다는 것을 알아내었다. 제2장에서 살펴본 것처럼 교육과정 지식에 대해서는 여러 정의가 있는 바, 이 연구에서는 수학 교육과정 지식(Mathematics Curriculum Knowledge, MCK)을 국가 수준 수학 교육과정[1)]에서 제시되는 수학 주제 및 개념들의 학년 내 또는 학년 간 관계성에 대한 이해라고 규정하였다. 수학 교육과정 지식은 수직적 교육과정 지식(Vertical Mathematics Curriculum Knowledge, VMCK)와 수평적 교육과정 지식(Horizontal Mathematics Curriculum Knowledge, HMCK)의 두 가지의 하위 범

1) 국가 수준의 교육과정은 국가가 정한 교과별 이수시간, 교육목표, 수업내용 등을 포함한 문서를 지칭한다. 각 지역에서는 국가 수준의 교육과정의 범위 안에서 지역 수준의 교육과정을 편성할 수 있으며, 각 학교는 국가 수준의 교육과정, 지역 수준의 교육과정을 바탕으로 수업 운영 방식 등에 대한 단위학교 교육과정을 편성할 수 있다.

주로 구성된다. 수직적 교육과정 지식은 여러 학년에 걸쳐 배우게 되는 수학 주제들의 연관성에 대한 지식을 뜻하며(예: 1학년부터 3학년까지 배우게 되는 수학 주제들), 수평적 교육과정 지식은 한 학년에 걸쳐 학생들이 배우게 되는 수학 학습 주제들의 순서에 관한 지식을 지칭한다(예: 1학년에서 배우게 되는 수학 주제들).

그러나 교육과정 지식이 단순히 교사가 국가 수준 교육과정에 나오는 수학 주제의 학년별 제시 순서를 기계적으로 아는 것을 의미하지는 않는다. 최근의 교사의 교육과정 활용에 관한 연구들을 살펴보면 교사들은 교육과정에 제시된 수학 내용을 단순히 수업시간에 제시하는 것이 아니라, 내용들을 해석하여 교육 의도에 맞게 활용하고 있음이 드러났다(Lloyd, 2008). 따라서 교육과정 지식은 교수 과정에서 교사들이 가진 교육과정에 대한 이해가 어떻게 활용되는지에 초점을 맞추어 정의되어야 할 것이다.

4.2 수학 수업에서 초등학교 교사의 수학 교육과정 지식의 활용

이 절에서는 수업 설계, 교실 수업 진행, 수업 후 학생의 학습 결과물 평가에서 이 연구에 참여한 교사들이 그들의 교육과정 지식을 어떻게 활용하였는지 분석한 결과가 제시될 것이다.

4.2.1 수업 설계 시 수학 교육과정 지식 활용

수업 지도안 분석 결과 초등학교 교사들은 수업 설계 시 수학 교육과정 지식을 사용하는 것으로 나타났다. 지도안에서 교사들은 학년별로 제시되는 수학 주제들의 관계성에 대해 명시하고, 이를 바탕으로 수업 시간에 유용한 시사점을 도출하였다. 특히 교사들은 학년에 걸쳐 배우게 되는 수학 주제들의 관련성을 의미하는 수직적 교육과정 지식을 많이 활용하였는데, 교사들의 수직적 교육과정 지식은 [그림 4.1], [그림 4.2]와 같이 '학습의 흐름'이라는 이름으로 수업 지도안에 나온다. [그림 4.1]은 김 선생님의 수업 지도안에서 추출한 내용으로, 김 선생님이 직육면체의 겨냥도를 수업하기 위해 이전 학년에서 배운 내용과 상위 학년에서 배울 내용에 관련된 수업 주제들을 정리한 것이다. [그림 4.2]는 최 선생님의 수업 지도안 중에서 추출한 것으로, 평행사변형의 넓이를 구하는 법을 설명하기 위해 관련된 수학 수업 주제들을 정리한 표이다.

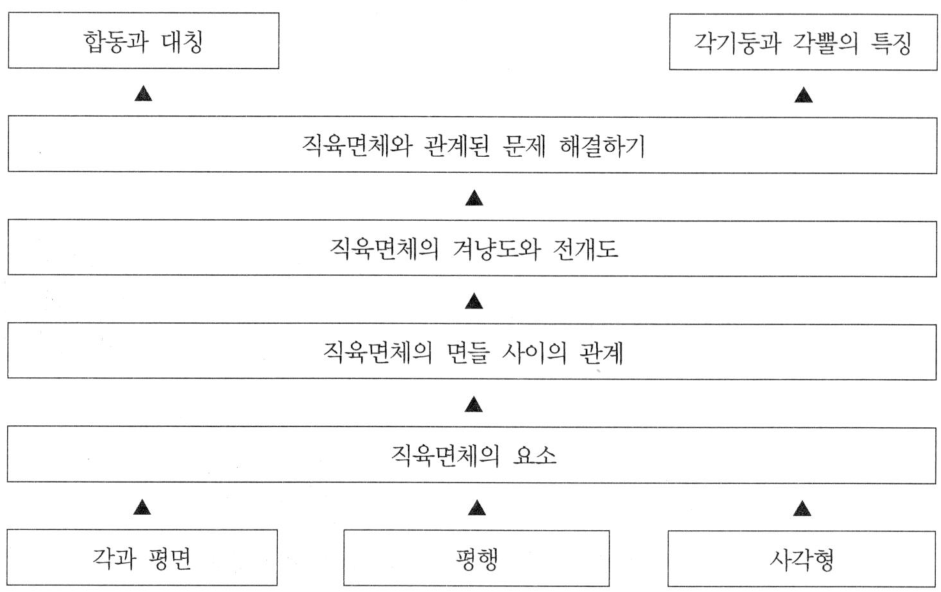

그림 4.1 학습의 흐름(김 선생님의 지도안에서 발췌)

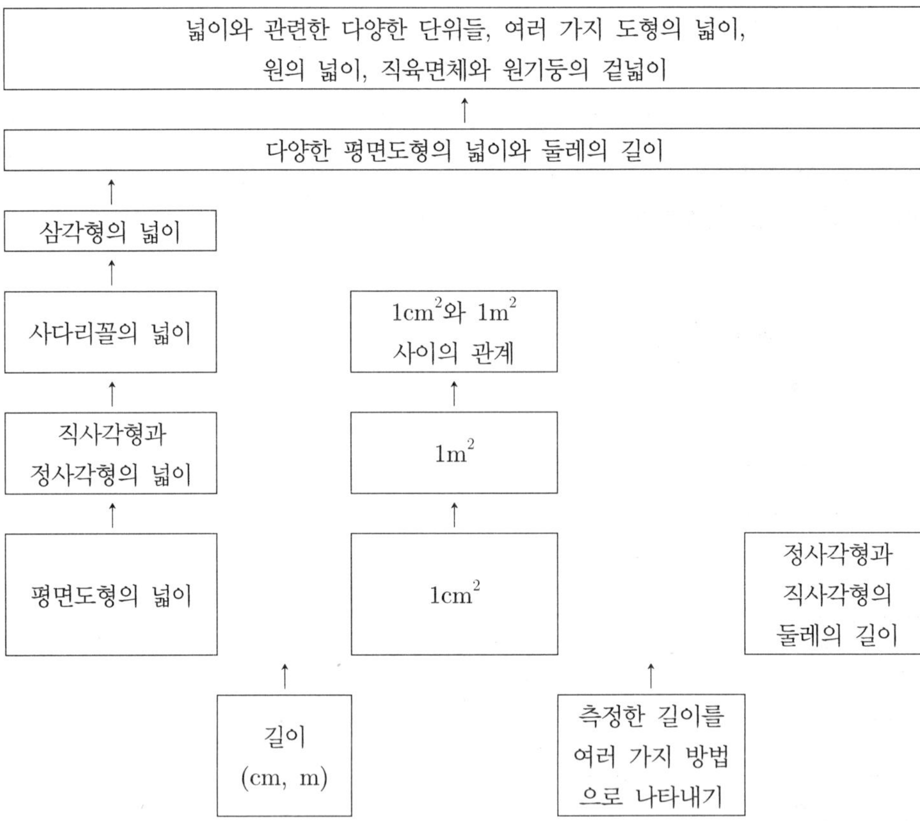

그림 4.2 학습의 흐름(최 선생님의 지도안에서 발췌)

연구에 참여한 교사들은 수학 개념들 사이의 관계를 지도안에 나타내었을 뿐만 아니라, 개념들 사이의 관계를 이용하여 학생들의 수학 학습 배경을 분석하였다. 교사들은 그들의 수직적 교육과정 지식을 토대로 학생들이 이전 학년에서 배웠어야 할 내용에 대해 확인하는 설문지를 개발하였다.

[표 4.1]과 [표 4.2]는 교사들이 학생들의 수학 학습 배경을 설문한 결과와 그 의미를 지도안에 나타낸 사례이다.

김 선생님은 직육면체의 겨냥도에 대해 수업하기 전 학생들이 이전 학년에서 배운 평행이라는 개념에 대해 얼마나 알고 있는지에 대한 수학적 이해에 초점을 맞춰 설문을 진행한 반면, 최 선생님은 평행사변형의 넓이 구하는 방법에 대해 지도하기 위해 학생들이 이전 학년에서 배운 표준 단위[2])를 이용해 길이를 측정하는 방법에 대해 능숙하게 할 수 있는가와 관련한 기능적 측면에 주목하여 설문을 실시하였다.

표 4.1 김 선생님의 설문 결과

결과	학생수	비율(%)
학생들은 평행선에 대한 개념을 잘 알지 못하며, 평행선을 그리지 못한다.	8	19.1%
학생들은 평행선에 대한 개념은 알지만, 평행선을 그리지는 못한다.	27	64.3%
학생들은 평행선에 대한 개념을 잘 알고 있으며, 평행선도 잘 그린다.	7	16.6%

표 4.2 최 선생님의 설문 결과

설문 질문	결과	학생 수(28)	%	분석결과
학생들은 표준 단위를 이용해 길이를 측정하고, 눈금을 읽을 수 있는가?	상	25	29	대부분의 학생들은 표준 단위를 이용해 길이를 측정할 수 있다.
	중	3	11	
	하	0	0	

교사들은 설문 결과를 지도안을 개발하는 데 활용하였다. 설문 결과의 활용에 있어 김 선생님과 최 선생님은 면담에서 다음과 같이 진술하였다.

김 선생님 학생들은 직육면체의 전개도와 관련한 오늘 수업에 참여하기 위해서 이전 학년에서 배운 평행선에 대한 기본 개념과 그리는 방법에 대해 알아야 했습니다. 그런데, 설문 결과, 대부분의 학생들은 개념을 잘 알면서도 평행선을 바르게 그리는 데에는 어려움을 나타냈습니다. 따라서 저는 오늘 수업 중 일부분을 평행선을 바르게 그리는 데에 할애하였습니다. 전 학년도에 배워서 오늘 다시 할 필요가 없었음에도 말이지요. 오늘 수업 도중 평행선을 잘 그리지 못하는 학생들을 위해서 평행선 그리는 방법들을 세부적으로 다시 지도하려고 하였고, 동시에 이미 그리는 방법을 아는 학생들이 수업시간에 지루하지 않도록 수업 활동을 계획했습니다.

---

2) 양을 측정할 때 한 뼘 등과 같이 임의로 사용할 수 있는 단위를 임의 단위라고 하는 반면, 1cm, 1L 등과 같이 모든 사람들에게 단위에 대한 기준 양이 동일하게 정의된 단위를 보편 단위 또는 표준 단위라 한다.

최 선생님 학생들은 오늘 수업 이전에 표준 단위를 이용해서 길이를 측정하는 방법을 알고 있어야 했습니다. 오늘 수업에서 이를 바탕으로, 넓이의 측정 역시 표준 단위를 사용해야 한다는 것을 이끌어내야 했지요. 설문에서, 저는 대부분의 학생들이 보편 단위의 개념을 배웠고, 길이를 재는 방법 또한 잘 알고 있다는 것을 알게 되었습니다. 그래서 오늘 수업에서는 표준 단위에 대한 개념 설명이나 표준 단위를 이용해 측정을 어떻게 하는지에 대한 부분은 포함하지 않았습니다. 오늘 수업에서는 그저 학생들이 표준 단위를 세어 넓이를 나타내는 방법만 충분히 연습하도록 도와주었습니다.

이러한 설문 결과와 그에 대한 해석을 바탕으로 교사들은 수업 지도안을 작성하였다. [표 4.3]은 김 선생님의 수업 지도안 중 일부를 발췌한 것이다. [그림 4.3]은 지도안에 제시된 활동 1에서 교사가 사용한 자료이다.

김 선생님은 설문 결과를 바탕으로 [표 4.3]에 제시된 활동을 계획했다고 밝혔다. 김 선생님은 학생들이 이전 학년에서 평행선에 대한 개념을 배우고 그리는 방법도 배웠지만, 아직 능숙하게 그리지 못한다는 것을 설문을 통해 알게 되었다. 따라서 김 선생님은 직육면체의 겨냥도를 그리는 수업에서 평행한 변을 찾고 이를 그려보는 활동을 반복적으로 구성하여 학생들이 충분히 연습할 수 있도록 하였다. 면담을 통해, 김 선생님은 수업 계획의 의도를 다음과 같이 설명하였다.

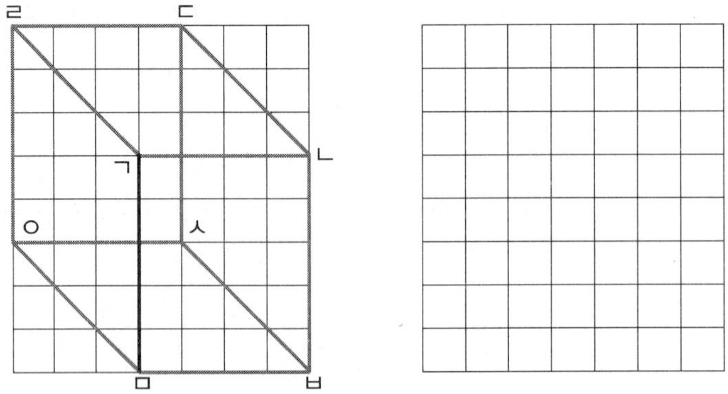

그림 4.3 활동 1에 사용한 자료 화면

표 4.3 김 선생님의 수업 지도안

<table>
<tr><th rowspan="2">수업 단계</th><th rowspan="2">수업 내용</th><th colspan="2">교수 · 학습 활동</th><th rowspan="2">시간 (분)</th><th rowspan="2">자료 및 유의점</th></tr>
<tr><th>교사</th><th>학생</th></tr>
<tr><td>기본 개념 이해하기</td><td>활동 1</td><td>- 교사는 PPT를 사용하여 직육면체를 제시한다.
· 변 ㄱㅁ에 평행한 변은 무엇입니까?
· 이 변들을 어떻게 그려야 하겠습니까?
· 그러면 변들을 변 ㄱㅁ과 평행하게 오른쪽 모눈종이 위에 그려봅시다.

- 교사는 다른 변들에 대해 같은 질문을 반복적으로 하여, 학생들이 평행인 변을 찾고, 이를 그려보는 연습을 충분히 하도록 도와준다.</td><td>- 학생들은 스스로 활동한 내용과 PPT 내용을 비교한다.
· 변 ㄴㅂ, 변 ㄷㅅ, 변 ㄹㅇ입니다.
· 변 ㄱㅁ과 평행하게 그려야합니다.</td><td>5′</td><td>*PPT</td></tr>
</table>

김 선생님 설문을 통해 저는 우리 반 학생들의 일부가 작년에 평행선 그리는 방법을 수업시간에 배웠음에도 불구하고, 평행선을 잘 그리지 못한다는 것을 알게 되었습니다. 하지만, 저는 수업 시간에 평행선 그리는 방법에 대해 직접적으로 가르치지는 않았는데, 우리 반에 평행선을 잘 그리는 다른 학생들도 있기 때문이었습니다. 그래서 직접적으로 다시 평행선 그리는 방법을 설명하기보다는, 평행선 그리는 방법을 직육면체의 겨냥도를 그리면서 다시 차근차근 연습하는 데 수업 시간을 할애했습니다. 만일 모든 학생들이 평행선을 잘 그렸다면, 평행인 변들을 일일이 찾고 따로 그려보는 활동 대신, 학생들이 한 번에 모두 찾아 각자 그려보도록 했겠지요. 하지만 저는 일부러 직육면체의

평행인 변들을 찾아보고 그려보는 활동을 체계적이고 천천히 진행하였습니다. 우리 반 학생들이 평행인 변들을 천천히 찾아보고 따라 그려보면서, 저는 평행선을 그리지 못했던 우리 반 학생들도 모두 수업에 참여할 수 있도록 유도했습니다.

최 선생님 역시 김 선생님과 동일하게 설문 내용을 바탕으로 [표 4.4]와 같이 수업 지도안을 구성하였다. [표 4.4]는 최 선생님의 수업 지도안 중 일부를 발췌한 것이다.

표 4.4 최 선생님의 수업 지도안

수업 단계	수업 내용	교수·학습 활동		시간(분)	자료 및 유의점
		교사	학생		
수학의 원리 발견하기	단위 넓이 탐험하기	* [발견 활동 1] 교사는 학생들이 단위 넓이($1cm^2$)의 개수를 세어 넓이를 구하는 방법을 찾아내도록 돕는다. 각각의 평행사변형은 몇 개의 단위 정사각형을 포함하고 있습니까?	* 학생들은 모눈종이 위에 그려진 평행사변형을 관찰한 후 다양한 방법으로 단위 넓이를 세는 방법을 생각해본다. 1번 평행사변형은 ( )개의 단위 정사각형을 포함하고 있습니다. 2번 평행사변형은 ( )개의 단위 정사각형을 포함하고 있습니다. 3번 평행사변형은 ( )개의 단위 정사각형을 포함하고 있습니다.	5′	*학습지

		어떻게 알아내었습니까?	정사각형의 개수를 먼저 세고 삼각형으로 표시된 부분들은 서로 더해서 사각형을 만들어 개수를 세었습니다.		
		각 평행사변형의 넓이는 어떻다고 생각합니까?	각각의 평행사변형의 넓이는 ( )cm^2입니다.		
		각각의 평행사변형 안에 단위 정사각형의 개수를 셀 때 어려움은 없었습니까?	2번과 3번의 넓이를 구하는 것이 어려웠습니다.		*본 활동에서 가장 중요한 부분은 학생들이 모든 평행사변형은 직사각형으로 변환이 가능하다는 점을 깨닫게 하는 것이다. 교사는 이 부분에 중점을 두어 수업을 진행한다.
		여러분은 예측한 넓이와 실제 측정한 넓이는 서로 어떻습니까?	(학생들은 자신의 생각을 자유롭게 발표한다.)		
		평행사변형의 넓이를 더 쉽고 정확하게 구할 수 있는 다른 방법이 있습니까?	평행사변형을 직사각형으로 변형하면 쉽게 넓이를 구할 수 있을 것 같습니다.		

최 선생님은 [표 4.4]에 제시된 것과 같이 설문 조사에서 알아낸 학생들의 수학적 배경을 바탕으로 수업 지도안을 구성하였다. 최 선생님은 학급의 학생들이 표준 단위를 이용하여 넓이를 나타내는 방법을 잘 이해함을 설문을 통해 알게 되었다. 따라서 최 선생님의 수업은 학생들이 표준 단위를 이해하는 것보다는 다양한 방법으로 단위 넓이[3]를 세어보는 활동에 주안점을 두고 진행되었다. 세 번째 면담을 통해, 최 선생님은

교수 의도를 다음과 같이 설명하였다.

최 선생님 우리 반 학생들은 표준 단위의 개념에 대해 잘 알고, 표준 단위를 이용해 넓이와 길이를 측정하는 방법 또한 잘 이해하는 것으로 조사되었습니다. 따라서 저는 이 부분을 수업 시간에 다시 지도할 필요성을 느끼지 못했습니다. 대신, 저는 학생들이 평행사변형 안에 있는 단위 넓이의 개수를 다양한 방법으로 세어보는 데 초점을 맞췄습니다.4)

지도안의 분석 결과 김 선생님과 최 선생님처럼 이 연구에 참여한 다른 교사들도 수업 지도안을 작성할 때 수직적 교육과정 지식을 사용하는 것으로 분석되었다. 즉, 이 연구에 참여한 대다수의 교사들이 설문 조사를 통해 학생들의 선행 학습 여부 및 정도를 파악하고 이러한 내용을 수학 수업을 계획하는 데 활용하는 것으로 분석되었다.

교사들은 수업을 설계할 때, 수직적 교육과정 지식뿐만 아니라 수평적 교육과정 지식 역시 사용하는 것으로 분석되었다. 수업 지도안 분석에서 연구에 참여한 11명의 교사 중 10명의 교사는 교과서 단원에 제시된 차시별 지도내용과 순서, 그리고 이들의 관계를 지도안에 명시하였다. 이 내용은 [표 4.5]와 [표 4.6]에 제시된 것처럼 **단원의 전개**라는 이름으로 지도안에 나온다. 수평적 교육과정 지식을 바탕으로 교사들은 각 수업에 있어 수업 내용의 범위를 구분하였으며, 지도안을 작성할 때 교사들은 교과서 단원에 제시된 차시별 수업 내용을 살펴보고, 각 차시별 수업 목표, 활동 내용과 함께 수업 사이의 관련성을 기록하였다.

---

3) 넓이의 표준 단위는 $1m^2$이지만, 초등학교 수학 수업에서는 $1cm^2$를 사용한다.
4) 초등학교에서 넓이를 지도할 때, 도형 안에 단위 넓이($1cm^2$)가 몇 개 들어가는지 세어보는 활동을 통해 학생들이 넓이를 이해하도록 한다. 즉, 넓이가 $4cm^2$인 직사각형 안에는 단위 넓이($1cm^2$)가 4개 들어가는 것이다.

표 4.5 김 선생님의 지도안에서 발췌한 단원의 전개

차시 (교과서)	주제	수업 목표와 활동
3차시 (p. 56-58)	직육면체의 면들 사이의 관계	· 학생들은 직육면체에서 서로 평행한 면들을 찾아낼 수 있다. · 학생들은 직육면체에서 서로 수직으로 만나는 면들을 찾아낼 수 있다.
4차시 (p. 59-60) 본 차시	직육면체의 겨냥도	· 학생들은 겨냥도의 필요성에 대해 이해할 수 있다. · 학생들은 겨냥도 그리는 방법을 알 수 있다.

표 4.6 최 선생님 지도안에서 발췌한 단원의 전개

차시	주제	수업 목표와 활동	교과서
5차시	직사각형의 넓이를 이용해 다양한 평면도형의 넓이 구하기	직사각형의 넓이를 이용하여 다양한 평면도형의 넓이를 구하는 방법 알기	p. 95-96
6차시 (본 차시)	평행사변형의 넓이 구하기	직사각형과 정사각형의 넓이를 구하는 방법을 이용하여 평행사변형의 넓이 구하는 방법을 알고 이해하기	p. 97-99
7-8차시	삼각형의 넓이 구하기	삼각형과 사각형의 넓이를 구하는 방법을 알고 이해하기	p. 100-104

교사들은 지도안을 구성할 때, 그들의 수평적 교육과정 지식을 활용하여 수업 중 학생들의 반응까지 예측하여 지도안을 구성하였으며, 이러한 과정은 교사들과의 면담 중에 파악할 수 있었다. 우리는 수업 설계에 있어 교사의 수평적 교육과정 지식 활용에 대한 근거로 김 선생님과의 면담 내용을 제시하고자 한다. 면담 내용과 관련한 수업 장면은 다음과 같다.

(김 선생님은 프로젝션 TV를 통해 다음과 같은 화면을 보여주었다.)

김 선생님　여러분, 화면에 보이는 것은 어떤 입체도형의 한 면입니다. 한 면만 보고 어떤 입체도형인지 알 수 있나요?

학생들　네, 선생님!

김 선생님　어떤 입체도형이라고 생각하지요?

학생들　(큰 소리로) 직육면체예요!

김 선생님　확실한가요? 직육면체가 정말 맞나요?

학생들　(큰 소리로) 네!

(김 선생님은 마우스로 화면의 입체도형을 클릭하여 천천히 회전시켰다. 회전 결과 다음과 같은 입체도형이 화면에 제시되었다.)

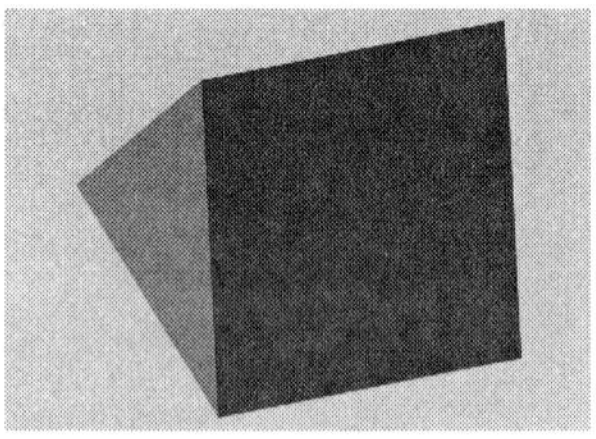

(교실 여기저기에서 학생들의 놀란 소리가 들렸다.)

학생들　(당황한 듯) 어?

김 선생님　지금 화면에 보이는 도형이 직육면체가 맞나요?

학생들　(작은 목소리로) 아니요.　(후략)

아래 제시될 내용은 김 선생님과 진행한 세 번째 면담 중 앞에서 제시된 수업 내용과 관련하여 김 선생님이 설명한 내용을 기술한 것이다. 김 선생님의 진술은 수평적 교육과정 지식을 교사가 어떻게 활용하고 있는지를 보여준다.

김 선생님　수업을 시작할 때, 나는 일부러 학생들을 속였습니다. 처음에 보여주었던 삼각기둥 기억나시지요? 옆면만 보여주었기 때문에 학생들은 제가 직육면체의

한 면만 보여주었다고 착각한 것이지요. 학생들로 하여금 직육면체 겨냥도의 필요성을 느끼게 하기 위해 일부러 삼각기둥을 제시한 것이랍니다.

연구자 학생들이 삼각기둥의 한 면만 보고 직육면체라고 오해할 것이라고 미리 아셨단 말씀입니까? 학생들이 만일 삼각기둥이라고 대답하면 수업 진행이 어려웠을 것 같은데요. 대안이 있으셨습니까?

김 선생님 대안은 없었습니다. 왜냐하면 저는 학생들이 오답을 말할 것을 확신하고 있었기 때문이지요. 사실 전 차시 수업에서 비슷한 활동을 했어요. 직육면체의 한 면만 보여주고, 이 입체도형이 무엇인지 추측하는 활동 말이에요. 전 차시에서 보았던 것과 똑같은 직사각형을 오늘 수업에서 보여주었기 때문에, 학생들은 당연히 지난 시간에 보았던 직육면체의 한 면일 거라고 생각했던 것이지요. …… 저는 새로운 단원에 들어갈 때 주로 한 단원에 있는 모든 차시의 수업들을 한 번에 계획한답니다. 단원 안에서 혹은 다른 단원과의 연관성을 미리 확인해보고, 수업 시간에 지도할 수학 개념이나 수업 전략들을 구성하지요. 또 각각의 수업 주제별로 시간을 어떻게 배분할 것인지도 단원 전에 미리 계획합니다. 이러한 방법을 통해서, 한 단원의 차시 수업들이 서로 유기적으로 연결될 수 있도록 합니다. 가끔 단원 사이에 연결되어 있는 경우도 있어요. 예를 들면, 1학년 학생들의 경우 1부터 9까지의 수를 한 단원에서 배우고 이어지는 단원에서 10부터 99까지의 수를 배우게 되어 있지요. 저는 교사들이 수업할 때 학생들로 하여금 단원에 배치된 수학 개념의 연결성에 대해 알도록 하는 것도 중요하다고 생각합니다.

면담에서 김 선생님은 수학 수업 주제들 사이의 연관성을 교사가 이해하고 지도하는 것의 중요성을 언급하였다. 이러한 연결성은 교사로 하여금 가르칠 내용의 범위를 파악하도록 하는 것뿐만 아니라, 수학 개념들 사이에 연결성을 학생들 스스로가 파악할 수 있도록 수업을 구성하고 계획하는 데 도움을 준다고 하였다. 교과서에 제시된 한 단원의 수학 주제들을 한꺼번에 살펴보면서 김 선생님은 단원의 목표와 관련하여 각 차시별 목표를 효과적으로 수립할 수 있었고, 다음 차시에 수업할 내용까지 미리 고려하여 수업을 진행할 수 있었다.

교사들의 수평적 교육과정의 활용에 대한 사례는 다른 교사들과의 면담을 통해서도 확인할 수 있었다. 예를 들어, 최 선생님과 면담을 진행했을 때, 최 선생님은 수업 목표와 활동을 구성하기 위해서 어떻게 단원의 차시들을 살펴보고 이들을 유기적으로 연결하는지에 대해 설명하였다. 최 선생님은 이러한 과정이 교수 자료를 고안하고 학생들의 내용에 대한 이해를 돕도록 수업을 설계하는 데 꼭 필요한 과정이라고 이야기하였다. 특히, 최 선생님은 면담 중 다음과 같이 설명하며, 단원에 여러 차시들을 함께 살펴보는 것이 학생들의 동기 유발에도 효과적이라고 언급하였다.

> 오늘 수업에서 학생들의 동기를 유발하기 위해 칠교[5]를 사용했습니다. 우리 반 학생들은 원래 칠교놀이를 좋아했어요. 하지만, 오늘 수업에 칠교를 선택한 가장 중요한 이유는 학생들이 칠교 조각들을 이용해 평행사변형을 직사각형으로 쉽게 바꿀 수 있기 때문이에요. 우리 반 학생들은 이전 수업 시간에 저와 함께 직사각형의 넓이 구하는 방법을 배웠답니다. 오늘 수업에서는 지난 시간에 배운 것을 상기하면서, 학생들이 평행사변형을 직사각형으로 변환하면 훨씬 쉽게 넓이를 구할 수 있다는 것을 깨우치도록 하는 수업이었어요. 지난 시간과 오늘 시간에 배운 내용을 가장 적합하게 연결할 수 있는 교구가 칠교였던 것이지요.

슐만(Shulman, 1987)과 볼 등(Ball et al., 2008)은 교육과정 지식이 교수 자료에 대한 이해를 바탕으로 특정한 주제를 가르치기 위해 계획된 프로그램의 모든 범위와 관련된 지식이라고 이야기하였다. 그러나 이 연구의 참여한 교사들의 수업 지도안을 분석하고, 그들과 면담을 진행한 결과, 수학 교육과정 지식은 단순히 자료와 주제의 순서를 아는 것을 넘어 이러한 정보들을 이용하여 수학 수업에 의미 있는 시사점을 도출

5) 탱그램이라고도 한다. 정사각형의 평면을 일곱 조각으로 나누어 여러 가지 모양을 만들어보는 활동에 사용할 수 있다.

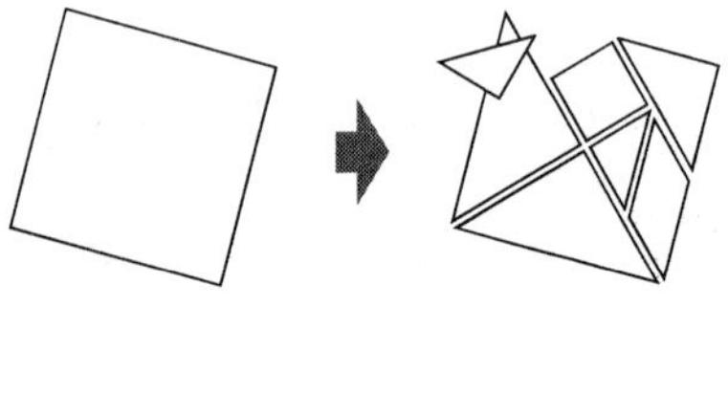

하는 과정을 포함한다는 것을 알게 되었다. 또한 여러 교수 자료를 아는 것 외에도 교육과정 자체를 교사가 정확히 아는 것이 수학 교수에 있어 중요한 역할을 하며, 교사의 교육과정 자체에 대한 지식에 대해 더 심도 깊은 조사가 필요함을 보여준다.

또한 볼 등(2008)은 수평적 내용 지식을 교수학적 내용 지식이 아닌 교과 지식의 범주에 포함시켰는데, 이 연구의 결과 수직적 교육과정 지식은 교육학적 내용 지식의 하위 범주로 제시된 내용과 학생에 관한 지식과 내용과 교수에 관한 지식과 연관성이 있어 보였다. 따라서 교사의 수학 수업의 계획에 있어 수학 교육과정 지식의 역할과 다른 지식의 범주들 사이에 관계에 있어서도 지속적인 연구가 필요할 것이다.

4.2.2 교실 수업 진행 시 수학 교육과정 지식 활용

이 연구에 참여한 모든 교사가 수업을 진행할 때 학생들에게 이전 수업시간에서 배운 내용을 상기시키며 수업을 시작하였고, 수업을 마무리할 때에는 다음 수업에 배울 내용을 예고하였다. 즉, 교사들은 수평적 교육과정 지식을 바탕으로 수업 시간에 배우는 내용들 사이의 관계를 학생들에게 설명했다. 또한 앞 절에서 살펴본 것처럼, 교사들은 그들의 수학 교육과정 지식을 바탕으로 설계된 학생 설문 내용을 토대로 고안된 수업 지도안대로 실제 수업을 진행하였다.

교사의 수학 교육과정 지식은 수업 중 교사들의 언어 사용에도 영향을 미쳤다. 다음은 연구 참여 교사와의 세 번째 면담 중 수업 시간에 교사의 언어 선택과 관련한 부분을 발췌한 것이다.

김 선생님　저는 오늘 수업에서 학생들의 현재 학년 수준에 따라 수학 용어를 사용하도록 조심했습니다. (국가 수준의) 수학 교육과정에 따르면, 학생들에게 수학 용어들이 소개되는 특정한 학년들이 있습니다. (예를 들어), 오늘 참관한 수업을 보시면, 저는 오늘 수업에서 삼각기둥을 사용하기는 했지만, 삼각기둥이라는 용어는 수업 시간에 한 번도 쓴 적이 없을 겁니다. 일부러 삼각기둥이라는 용어를 쓰지 않았지요. 왜냐하면 학생들은 삼각기둥이라는 용어를 상위 학년에서 배울 예정이기 때문입니다. 저는 (국가수준의) 수학 교육과정에 따라 학생들이 속한 학년에서 소개되는 수학 용어들의 수준에 집중했습니다. 만일 제가 상위 학년에서 제시되는 수학 용어를 수업 시간에 활용한다면, 학생들이 충분한 개념 없이 용어가 소개된 맥락만으로 수학 개념을 형성할 수 있기 때문에 수학적 오개념(misconception)이 생길 확률이 높기 때문입니다.

정 선생님 오늘 수업은 이번 단원의 첫 차시 수업으로 다양한 사각형의 형태에 관한 내용을 다룹니다. 저는 직사각형이나 마름모와 같은 다양한 형태의 사각형을 보여주기는 했지만, 각 도형들의 이름을 수업 시간에 제시하지는 않았습니다. 각각의 사각형의 명칭은 다음 수업에서 진행될 내용이기 때문이지요. 따라서 오늘 수업에서는 의도적으로 사각형들을 정확한 용어로 지칭하지 않았습니다.

이 연구에서, 교사들의 수학 교육과정 지식은 수업 활동을 계획하는 것과 더불어 그들의 수업 시간 중 언어 사용에도 영향을 미친다는 것을 알 수 있었다. 교사들은 그들의 수평적 교육과정 지식을 바탕으로 수업 사이에 연결성을 학생들에게 제시하였다. 또한 학생들의 오개념 형성을 막기 위해 교사들은 수학 교육과정 지식을 바탕으로 수학 용어 선택에도 매우 신중하였다. 이는 수학 교육과정 지식 역시 교사의 교수 활동에 직접적인 영향을 미치는 것으로 간주되는 바, 선행 연구에서 제시된 수학 교육과정 지식과 수학 교수학적 내용 지식 또는 내용 지식 사이의 연관성 및 포함관계가 다시 재고되어야 함을 보여준다.

4.2.3 학생의 학습 결과물 평가 시 수학 교육과정 지식 활용

교사들은 학생들의 수학적 배경을 분석하거나 학습 결과물을 평가할 때 수학 교육과정 지식을 사용하는 것으로 조사되었다. 이는 학생들의 학습 결과물에 관해 교사의 의견을 물어보는 면담 과정에서 파악되었다. 우리는 연구에 참여한 모든 교사들은 2학년 학생이 푼 받아내림을 포함한 뺄셈 문제의 답안지를 보고 이 학생에 대해 분석하도록 요구하였는데, 학생이 풀었던 뺄셈 문제 중 일부분은 [그림 4.7]과 같다.

$$\begin{array}{r} 3\,4 \\ -1\,7 \\ \hline 2\,3 \end{array} \qquad \begin{array}{r} 1\,7 \\ -1\,6 \\ \hline 0\,1 \end{array}$$

그림 4.7 2학년 학생이 푼 문제지 중 일부

교사들은 [그림 4.7]에 제시된 학습지를 살펴보고, 그들의 교육과정 지식을 활용하여 학생의 상태에 대해 다음과 같이 진단하였다.

양 선생님 만일 학생이 받아내림에 대한 기본 개념이 없다면, 이 학생은 자릿값, 뺄셈 그리고 받아내림에 대해 전반적으로 다시 배워야 할 것 같습니다. 사실 학생들은 1학년 때 0과 자릿값에 대한 개념을 배우고 2학년에 올라와야 했습니다. 그래서 2학년을 다니면서 이러한 내용을 다시 배운다는 것은 사실 불가능하지요. 만일 우리 반 학생이라면 별도로 시간을 내서 지도해야겠네요.

연구자 (국가 수준의) 수학 교육과정에서 나오는 수업 내용의 순서들을 잘 알고 계시는 것 같은데, 항상 확인하시나요?

양 선생님 아니요. 그렇지는 않습니다. 사실 지난 10년간 거의 모든 학년을 가르쳐보았습니다. 그래서 그냥 기억하고 있는 것뿐이에요. (국가) 교육과정에 제시된 수업 내용들을 정확하게 제시할 수는 없지만, 대강의 큰 주제들의 순서는 기억하고 있습니다.

국가 수준의 수학 교육과정에 따라 학년별로 제시되는 수학 내용들의 순서에 대한 깊이 있는 지식은 교사들로 하여금 특정 학년에서 제시되는 수업 내용을 완벽히 이해하지 못한 학생들을 어떻게 도울 것인가를 결정하는 데 영향을 미치는 것으로 분석되었다. 양 선생님의 면담 내용에서 제시되었듯이, 10년의 교직 경력으로 교육과정에 대한 이해가 심화되었고, 이러한 경력과 지식을 바탕으로, 학생의 수학 학습 문제에 대한 지도 방법을 결정하였다. 배 선생님 역시 학생의 수학 배경 분석 및 지도 방법에 대해 양 선생님과 유사하게 다음과 같이 답변하였다.

연구자 선생님께서 1학년 학급의 담임이라고 생각하시고 답변해 주십시오. 만일 선생님의 반 학생 중 1명이 정사각형 그림에 직사각형이라고 쓴다면 어떻게 지도하겠습니까?

배 선생님 아무런 지도도 하지 않을 것 같습니다.

연구자 왜 그런 결정을 하셨는지 설명해주시겠습니까?

배 선생님 일단은 내용이 수학적으로 틀린 것이 아닙니다. 직사각형의 범위에 정사각형이 포함되니까요. 그래서 답변이 틀린 게 아니지요. 그리고 아시다시피, 1학년에서는 직사각형이나 정사각형이란 용어 자체를 사용하지 않습니다. 그저 "네모"라고 모든 사각형을 통칭해서 부르지요. 제가 알기로는 사각형의 정확한 명칭은 4학년 때 배우는 것으로 알고 있는데, 맞나요? 정확하지는 않지만, 어쨌든 1학년에서 배우는 용어는 아니지요. 그래서 나중에 배우게 될 내용이기 때문에, 지금 사각형의 포함관계라던가 정확한 명칭에 대해 수업해주는 것이 불필요하다고 판단됩니다. 일단 학생이 틀리게 알고 있는 것이 아니니까, 지금 단계에서 이 학생의 답변은 걱정할 만한 수준이 아니라고 판단됩니다.

11명의 교사 중 10명의 교사가 양 선생님과 비슷한 답변을 하였고, 8명의 교사가 배 선생님과 유사한 응답을 하였다. 학생의 수학 학습 결과물을 평가하는 데 있어 교사의 수학 교육과정 지식의 사용은 수학 교육과정 지식이 학생들의 수학 학습 배경을 이해하는 지식과 연결되어 있음을 보여준다. 이러한 분석 결과는 교사들의 수학 교수학적 지식이 왜 수학 학습 성취도가 원래 낮았던 학생들의 수학 학습 성취도 향상에는 별다른 효과가 없었는지를 이해하는 데 단서를 제공해준다(예: Hill, 2008; Hill, Rowan & Ball, 2005; Tanase, 2011). 만일 교사가 교수학적 내용 지식을 바탕으로 현재 학년에서 제시되는 수학적 개념에만 집중하고, 학생들의 선행 학습 결과에는 관심을 두지 않는다면, 이미 학습 결손이 있는 학생들은 아무리 새로운 방법으로 수학 개념이 제시되어도 이를 이해하기 어려울 것이다.

면담 분석 결과 또 하나 발견된 시사점은 교사들의 수학 교수학적 지식이 오랜 기간 동안 다양한 학년을 가르치면서 향상될 수도 있다는 점이다. 교사들이 어떻게 수학 교수학적 지식을 습득하고 이를 수업을 설계하고, 교실에서 지도하고, 학생들을 평가할 때 사용하는가를 밝혀내는 것은 수학 교수를 위한 교사의 지식과 교직 경력과의 연관성을 밝혀내는 데 도움을 줄 수 있을 것으로 기대된다. 비록 그동안 여러 연구들에서 다양한 학년을 지도해본 교사들이 한두 학년을 가르쳐본 교사에 비해 수학 교수를 위한 지식이 더 풍부하다는 조사 결과가 보고되기는 하였지만(예: Ng, 2011; Chinnappan & Lawson, 2005), 교직 경력이 어떻게 교사들의 수학 교수를 위한 지식의 향상에 기여하는가는 아직 정확히 규명되지는 않았다. 이 연구에서 밝혀진 다양한 학년을 지도해본 교직 경력이 수학 교육과정에 제시된 여러 주제들의 관계를 이해하는 데 도움을 준다는 사실을 바탕으로, 앞으로 교직 경력과 교사 경력의 관계에 대한 보다 심도 깊은 조사가 이루어져야 할 것이다.

4.3 해석적 요약

이 장에서는 면담과 수업 지도안, 수업 관찰 내용을 분석한 자료에서 도출된 결론들을 제시하였다. 자료 분석과 관련된 중요한 요소인 개념적 틀은 제1장에서 제시하였다. 여러 자료들을 토대로 교수과정에서 수학 교육과정 지식을 분석하면서, 우리는 수학 교육과정 지식이 초등학교 교사의 수학 교수를 위한 지식 중 중요한 범주 중에 하나이며, 수학 교육과정 지식이 수업 계획, 교실 수업 진행, 학생 평가와 관련한 수업의 전 과정에 직접적인 영향을 미친다는 것을 발견하였다.

또한 수학 교육과정 지식이 수평적 교육과정 지식과 수직적 교육과정 지식으로 구성된다는 것을 밝혀내었다. 교사들이 수업을 설계할 때, 교사들은 **학습의 흐름**이라는 이름으로 학년 내 또는 학년 간 수학 주제들의 관련성을 지도안에 표기하면서 수평적 교육과정 지식과 수직적 교육과정 지식을 사용하였다. 특히, 교사들은 수평적 교육과정 지식을 사용해 단원에 여러 차시들의 지도내용과 수업 목적을 별도로 지도안에 표기하였다. 자료 분석 결과 또 하나의 결론은 교사들의 수학 교육과정 지식이 교사들이 학생들의 수학 학습 배경과 경험을 이해하는데 있어 촉매제 역할을 한다는 것이다. 이러한 측면은 교사들이 학생들에게 수학적 연결성을 고려하여 수학 개념을 형성하도록 하는 데 여러 활동을 고안하고 교수학적 의사결정을 내리는 데 도움을 주었다.

분석 결과, 이 연구에 참여한 대다수의 교사들은 수업 지도안을 작성할 때 국가 수준의 수학 교육과정의 영향을 많이 받는 것으로 나타났다. 국가 수준의 수학 교육과정의 영향은 여러 측면에서 발견되었는데, 우선 국가 수학 교육과정은 수업 시간에 다루어야 할 수업 주제나 개념의 순서를 결정하는 데 사용되었으며, 교사들은 이러한 순서를 바탕으로 수학 개념들 사이의 관계성을 수업 전에 확인하였다. 이때, 교사들이 수학 개념들 사이의 관계성을 아는 것은 그들의 학생이 수학 개념을 형성하는 데 중요한 역할을 하는데, 이는 교사들이 수학적 지식을 연결하는 방법과 학생들이 받게 되는 수학 수업의 구성 사이에는 직접적인 연관성이 있기 때문이다(Carpenter, Fennema, Peterson, Chiang & Loef, 1989; Fennema, Carpenter & Peterson, 1989; Peterson, Fennema & Carpenter, 1991).

그뿐만 아니라, 연구에 참여한 교사들의 국가 수준의 수학 교육과정에 대한 지식은 각 학년에서 배워야 할 수학 개념에 대한 이해를 가능하게 하고, 교사들은 이러한 이해를 바탕으로 학생들의 학습 결손을 판단하는 것으로 나타났다. 이 연구에서 제시된 것처럼, 수평적 교육과정 지식과 수직적 교육과정 지식은 학생들의 수학 학습 배경을 이해하는 하나의 범주를 제공해주었다. 교사들이 효과적으로 수학 수업을 진행하기 위해, 학생들의 수학 학습 배경을 충분히 이해해야 한다는 것은 선행연구에서 지속적으로 주장되었다(예: Fennema, Roberg, 1998; Brophy, 1997; Carpenter, Franke, Jacobs & Fennema, 1998). 비록 수학 교육과정 지식을 바탕으로 한 교사의 학생 수학 학습 배경 분석으로 학생들의 수학 학습 경험 및 지식의 전체를 이해하기는 어렵겠지만, 분명 학생들의 학습 결손을 파악하는 효과적인 방법 중 하나임은 분명하다. 교사가 학생에 대해 더 많이 알수록, 학생들에게 더 효과적으로 수학 수업을 제공할 수 있는 기회가 많아질 것이다.

이 연구의 분석 결과, 다양한 학년을 가르쳐본 경험이 있는 교사가 국가 수준의 수학 교육과정에 제시된 수학 주제들과 개념들의 관련성에 대해 더 잘 알 수 있을 가능성이 높은 것으로 나타났으며, 교사들은 이러한 이해를 바탕으로 학습 결손이 있는 학생들을 지도하는 방법을 결정하는 것으로 조사되었다. 또한 교사의 수학 교육과정 지식은 그들의 교실 수업에서 수학 관련 용어사용에 영향을 주는 것으로 나타났다. 따라서 향후 학생들의 수학 학습 배경과 교사들의 수학 용어 사용과 관련해 수학 교육과정 지식 활용에 대한 심도 깊은 조사가 필요할 것이다.

참고문헌

Ball, D. L. (1993). With an eye on the mathematical horizon: Dilemmas of teaching elementary school mathematics. *Elementary School Journal, 93*, 373-397.

Ball, D. L., Thames, M. H., & Phelps, G. (2008). Content knowledge for teaching: What makes it special? *Journal of Teacher Education, 59*, 389-407.

Brophy, J. (1997). Effective instruction. In H. J. Walberg and G.D. Haertel (Eds.), *Psychology and educational practice* (pp. 212-232). Berkeley, CA: McCutchan.

Carpenter, T. P., Fennema, E., Peterson, P. L., Chiang, C. P., & Loef, M. (1989). Using knowledge of children's mathematics thinking in classroom teaching: An experimental study. *American Educational Research Journal, 26*, 499-531.

Carpenter, T. P., Franke, M. L., Jacobs, V., & Fennema, E. (1998). A longitudinal study of invention and understanding in children's multidigit addition and subtraction. *Journal for Research in Mathematics Education, 29*, 3-20.

Chinnappan, M., & Lawson, M. J. (2005). A framework for analysis of teachers' geometric content knowledge and geometric knowledge for teaching. *Journal of Mathematics Teacher Education, 8*, 197-221.

Fennema, E., Carpenter, T. P., & Peterson, P. L. (1989). Learning mathematics with understanding: Cognitively guided instruction. In J. E. Brophy (Ed.), *Advances in research on teaching* (Vol. 1, pp. 195-221). Greenwich, CT: JAI Press.

Fennema, E., & Romberg, T. (1999). *Mathematics classrooms that promote understanding.* Mahwah, NJ: Lawrence Erlbaum.

Hill, H.C., Rowan, B., & Ball, D. (2005). Effects of teachers' mathematical knowledge for teaching on student achievement. American Educational Research Journal, *42*, 371-406.

Hill, H. C. (2008). Mathematical knowledge for teaching and the mathematical quality of instruction: An exploratory study, *Cognition and Instruction, 26*, 430-511.

Hill, H. C., & Ball, D. L., & Schilling, S. G. (2008). Unpacking pedagogical content knowledge: Conceptualizing and measuring teachers' topic specific knowledge of students. *Journal for research in Mathematics Education, 39*, 372-400.

Izsák, A. (2008). Mathematical knowledge for teaching fraction multiplication, *Cognition and Instruction, 26*, 95-143.

Lloyd, G. M. (2008). Curriculum use while learning to teach: One student teacher' appropriation of mathematics curriculum materials. *Journal for Research in Mathematics Education, 39*, 63-94.

Ng, D. (2011). Indonesian primary teachers' mathematical knowledge for teaching geometry: Implications for educational policy and teacher preparation programs. *Asia-Pacific Journal of Teacher Education, 39*, 151-164.

Peterson, P. L., Fennema, E., & Carpenter, T. P. (1991). Teachers' knowledge of students' mathematical problem-solving knowledge. In J. E. Brophy (Ed.), *Advances in research on teaching* (pp. 49-86). Greenwich, CT: JAI Press.

Rowland, T., Huckstep, P., & Thwaites, A. (2005). Elementary teachers' mathematics subject knowledge: The knowledge quartet and the case of Naomi. *Journal of Mathematics Teacher Education, 8*, 255-281.

Santiban˜ez, L. (2005). Why we should care if teachers get A': Teacher test scores and student achievement in Mexico. *Economics of Education Review, 25*, 510-520.

Shulman, L. (1987). Knowledge and teaching: Foundations of the new reform. *Harvard Educational Review, 57*, 1-22.

Tanase, M. (2011). Teaching place value concepts to first grade Romanian students: Teacher knowledge and its influence on student learning. *International Journal for Mathematics Teaching and Learning.* Retrieved from http://www.cimt.plymouth.ac.uk/journal/.

제 5 장

한국 초등학교 교사의 수학 교수를 위한 지식의 범주 II : 수학 학습자 지식

수학 학습자 지식은 교사가 학생의 특성을 이해하고, 이러한 특성을 수학 교수·학습 과정에 활용하는 방법과 관련한 지식을 뜻한다. 이때, 학습자는 일반적인 교실 환경에서 국가 수준의 수학 교육과정에 따라 수학을 학습하는 학생을 지칭한다. 이 연구에서는 교사들의 지도안 분석을 통해 수학 학습자 지식이 수학 교수를 위한 교사 지식의 중요한 하위 범주임을 밝혀내었다. 수학 학습자에 대한 지식은 다시 학생의 수학적 이해에 대한 지식, 학생의 수학적 기능에 대한 지식, 그리고 학생의 수학적 태도에 대한 지식으로 세분화된다. 학생의 수학적 이해는 수학의 개념에 대한 지식을 뜻하며, 수학적 기능은 절차적 지식과 문제를 해결하기 위해 필요한 방법의 숙달 여부를 지칭한다. 학생의 태도는 수학 학습 선호도와 관련된 학습자의 정서적 상태를 의미한다.

5.1 도입

그동안 많은 연구자들은 효율적인 수학수업을 위해 교사가 학생들의 관심사와 능력에 대해 이해하는 것이 중요하다고 주장해왔다(Calderhead & Shoroock, 1997; Donovan & Bransford, 2005; Hill, Ball & Schilling, 2008; Shulman, 1986; 1987). 또 학생들이 다양한 학습 상황에 어떻게 반응하는가에 대한 지식이 있어야 하며(Calderhead & Shorrock, 1997), 이러한 지식들은 교과 내용을 학습자 수준에 맞게 변형하는 것이 가능하게 하는 교육학적 내용 지식의 바탕을 제공한다(Shulman, 1987).

그러나 선행 연구들을 살펴보면 연구자에 따라 교사가 알아야 할 학습자의 특징에 대해 정의하는 것이 너무나 다양하다는 사실을 알 수 있다. 예를 들어, 교사들은 효율적인 수학 수업을 위해 학생의 선행 개념들을 알아야 하고(Donovan & Bransford, 2005), 교육적 배경을 이해해야 하며(Fennema & Franke, 1992), 그들의 나이에 맞는 감정적 발달 단계에 대한 지식이 있어야 하고(Golbeck & Ginsburg, 2004), 학생들이 속한 민족의 특징에 대해서도 알고 있어야 한다(NCTM, 2000). 물론, 교사가 학생에 대해 더 많이 알수록, 학생들의 수준에 맞는 개별화된 수학 교육을 제공해줄 수 있는 기회가 더 많을 것이다. 그러나 교사가 모든 것을 알아야 한다는 접근방법은 교사가 반드시 알아야 하는 것은 무엇인가라는 질문에 답변을 어렵게 할 수 있다.

따라서 우리는 학습자 지식과 관련한 선행 연구의 분석보다 이 연구에 참여한 11명의 교사들에게서 공통적으로 나타나는 학습자 관련 지식의 특성을 토대로 수학 학습자 지식을 정의하였다. 이를 통해 한국 초등학교 교사가 수학 수업을 위해 학습자에 대해 반드시 알고 있어야 하는 것은 무엇인가에 대한 아이디어를 제공할 수 있을 것이다. 따라서 이 장은 우리가 한국 초등학교 교사의 수학 학습자 지식을 어떤 방법으로 구체화하였는지에 대한 논의에서 시작한다.

5.2 수학 학습자 지식

우리는 수학 교수(敎授)를 위해 교사가 학생에 대해 알고 있는 지식을 수학 학습자 지식(Mathematics Learner Knowledge, MLK)이라고 명명하였다. 수학 학습자 지식은 학생의 특성에 대한 교사의 이해와 이러한 이해를 수학 수업 중 어떻게 활용하는지에 대한 지식을 뜻하며, 이때 학습자란 국가 수준의 수학 교육과정에 따라 일반적인 학교 교실에서 수학을 배우는 학생을 지칭한다. 수학 학습자 지식은 학생들의 수학적 지식, 학생들의 수학적 기능, 학생들의 수학적 태도라는 세 가지 하위 범주의 지식을 포함하고 있다. 학생들의 수학적 지식이란 수학 주제에 대한 개념적 이해를 지칭하며(예: 평행선 개념에 대한 이해), 수학적 기능이란 수학 문제를 해결하기 위한 기능과 절차에 대한 이해를 뜻한다(예: 자를 이용해 평행선을 그리는 방법). 마지막으로 학생들의 수학적 태도는 학생들의 수학에 대한 선호도와 그들이 수학에 대한 가치를 인지하는 것을 뜻한다(이중권, 2004).

이러한 세 가지 하위 범주들은 이 연구에 참여한 교사들의 수업 자료 분석에서 도출되었다. 특히 이 연구에 참여한 11명의 교사 모두 지도안 중 '학생 분석'이라는 항목을 제시하고 있었으며, [표 5.1]에 제시된 것처럼 '학생 분석'은 학생에 대한 교사의 지식과 학생들의 수학적 배경에 대한 분석 결과를 포함하고 있었다. [표 5.1]은 최 선생님이 평행사변형의 개념에 관한 수업을 위해 작성한 지도안에서 발췌하였다.

표 5.1 학생의 수학적 배경에 대한 분석(최 선생님 지도안에서 발췌)

<table>
<tr><th>구분</th><th>분석 내용</th><th>결과*</th><th>수</th><th>%</th><th>분석 결과</th></tr>
<tr><td rowspan="3">학생의 수학적 지식/이해</td><td rowspan="3">평행사변형의 기본 개념을 아는가?</td><td>상</td><td>6</td><td>21</td><td rowspan="3">일반적으로 학생들은 평행사변형의 모양과 기본 개념에 대해 이해했다. 이는 학원이나 과외를 통한 사교육에서 미리 습득한 것으로 판단된다. 그러나 대부분의 학생들은 평행사변형의 정의를 단순히 암기하고 있었다. 학생들은 일반적으로 제시되는 형태가 아닌 회전된 형태의 평행사변형을 보았을 때, 이를 평행사변형이라고 인지하지 못하였다.</td></tr>
<tr><td>중</td><td>21</td><td>75</td></tr>
<tr><td>하</td><td>1</td><td>4</td></tr>
<tr><td rowspan="6">학생의 수학적 기능</td><td rowspan="3">학생들은 평행사변형을 다양하게 그릴 수 있는가?</td><td>상</td><td>19</td><td>68</td><td rowspan="3">일부 학생들이 평행사변형을 다양하게 그리는 데 어려움을 느꼈다. 따라서 이 학생들이 그들의 수학적 개념을 바탕으로 평행사변형을 다양한 형태로 그릴 수 있도록 별도의 연습이 필요한 것으로 판단된다.</td></tr>
<tr><td>중</td><td>6</td><td>21</td></tr>
<tr><td>하</td><td>3</td><td>11</td></tr>
<tr><td rowspan="3">학생들이 격자와 단위 길이를 이용해 길이를 측정할 수 있는가?</td><td>상</td><td>25</td><td>89</td><td rowspan="3">일반적으로 학생들은 단위 길이를 이용해 길이를 측정할 수 있었다.</td></tr>
<tr><td>중</td><td>3</td><td>11</td></tr>
<tr><td>하</td><td>0</td><td>0</td></tr>
</table>

학생의 수학적 태도	학생들은 수학 수업 중 발견학습에 참여하는 것에 흥미를 느끼고 있는가?	상	24	86	일반적으로 학생들은 수학 수업 중 발견학습에 참여하는 것에 흥미를 느꼈다.
		중	4	14	
		하	0	0	

* 표에 제시된 상, 중, 하는 교사가 그들의 지식을 바탕으로 학생들의 수준을 표시한 것이다.

[표 5.1]에 제시된 것처럼 최 선생님은 학생들에 대한 지식을 학생의 지식/이해, 기능, 태도로 구분하여 지도안에 표기하였다. 이러한 구분은 최 선생님의 지도안에서만 특별히 나타나는 것은 아니었다. 다른 10명의 교사들 역시 지도안에 학생들에 대한 그들의 지식을 최 선생님과 같이 세 가지로 구분하여 제시하고 있었다. 최 선생님은 면담을 통해 이 세 가지 범주의 근거에 대해 다음과 같이 설명하였다.

최 선생님 국가 수준의 수학 교육과정에 따르면, 우리는 수학 수업의 목표를 세 가지 측면에서 제시해야 합니다. 지식과 이해, 기능, 그리고 태도가 바로 그 세 가지이지요. 쉽게 말하면, 수학 수업이 끝난 후 학생들은 그들의 지식/이해 영역, 기능 영역, 태도 영역에서 변화가 있어야 하며, 교사는 수업 전에 이 세 영역에 있어 학생들을 어떻게 변화시킬 것인지에 대한 목표를 미리 설정해야 한다는 뜻이에요. 따라서 학생들이 수업 목표에 도달하도록 하기 위해서는 적어도 이 세 가지 영역에 대해 제가 학생들의 현재 상태를 파악하고 있어야 했어요. 물론 교사가 학생들에 대해 더 많이 알면 알수록 학생 수준에 맞는 수학수업을 더 효율적으로 준비할 수 있겠지요. 그러나 학생에 대해 너무 많은 것을 알려고 하면, 결국 교사는 아무것도 모르는 것과 다를 바가 없어요. 그래서 저는 수업 목표와 관련된 세 가지 영역에 대해 학생들의 수학적 배경을 분석하려고 했어요.

연구자 지식/이해, 기능, 태도의 세 가지 범주의 차이점을 설명해 주시겠어요?

최 선생님 저에게 있어 지식과 이해는 학생들이 수학 개념에 대해 얼마나 알고 있는가를 뜻해요. 반면, 기능은 방법에 대한 숙달 정도를 뜻하고요. 사실 학생들은 평행선에 대한 정확한 개념을 이해하지 않아도 평행선을 기계적으로 그릴

> 수도 있어요. 마찬가지로 학생들은 수학적 개념의 의미를 모르고 문제를 풀거나 단순히 도형을 그릴 수도 있겠지요. 그래서 지식/이해와 기능을 구분해서 표기하는 것이지요. 그리고 태도는 학생들이 수학에 대해 느끼는 흥미와 관심을 뜻해요. 학생들은 수학 수업 시간에 별다른 흥미 없이 그냥 해야 하니까 수업에 참여할 수도 있어요. 이럴 경우, 학생들은 수학 개념에 대해 배울 수 있겠지만, 수학을 싫어하게 될 가능성도 있어요. 이건 수학 교육이 원하는 바가 아니지요.

면담을 통해 최 선생님은 학생 특성과 관련한 세 가지 범주를 국가 수준의 수학 교육과정을 토대로 어떻게 도출하였는지 설명하였고, 이러한 세 가지 범주는 수학 수업 목표 도달과 관련하여 교사가 반드시 알고 있어야 하는 부분이라고 이야기하였다. 우리는 면담을 통해 국가 수준의 수학 교육과정이 교사들에게 그들의 학생들을 수학 학생으로 이해하는 데 있어 일정한 기준을 제공하고 있다는 것을 알게 되었다. 이 연구에 참여한 다른 교사들 역시 최 선생님과 유사한 방법을 학생에 대한 지식을 구체화하였다. 예를 들어, 배 선생님은 원의 지름과 원주(圓周)의 관계에 대한 수학 수업을 진행하기 위해 작성한 지도안에서 자신의 수학 학습자 지식을 [표 5.2]와 같이 기재하였다.

[표 5.2]에서 배 선생님 역시 학생들에 대한 지식을 학생의 지식/이해, 기능, 태도라는 세 가지 범주로 나누어 기록하였다. 세 번째 면담 도중, 배 선생님은 이러한 세 가지 범주를 도출하는 데 국가 수준의 수학 교육과정을 고려하였음을 다음과 같이 설명하였다.

> 저는 국가 수준 수학 교육과정의 목표에 따라 이 세 가지 범주의 학생들의 특성을 이해하고자 노력했습니다. 국가 수준 수학 교육과정에 목표는 이 세 가지 영역에 대한 학생들의 변화를 요구하지요. 국가 수준 수학 교육과정에 따르면 교사들은 학생들의 수학적 지식/이해, 기능, 태도를 향상시키도록 노력해야 합니다. 이에 근거해서, 제 수업의 목표도 이 세 가지 영역을 포함해 기술한 것이에요.

표 5.2 학생의 수학적 배경에 대한 분석표(배 선생님의 지도안에서 발췌)

<table>
<tr><th>구분</th><th>분석 내용</th><th>결과*</th><th>수</th><th>분석 결과</th></tr>
<tr><td rowspan="3">학생의 수학적 지식/이해</td><td rowspan="3">학생들은 원의 구성요소를 알고 있는가?</td><td>상</td><td>20</td><td rowspan="3">일반적으로 학생들은 원의 구성요소를 잘 알았다. 따라서 원의 구성요소에 대해 수업 중 복습할 필요는 없을 것 같다. 그러나 동시에 소수이기는 하지만 원의 구성요소를 잘 모르는 학생들을 수업시간에 보조해야 한다.</td></tr>
<tr><td>중</td><td>6</td></tr>
<tr><td>하</td><td>1</td></tr>
<tr><td rowspan="6">학생의 수학적 기능</td><td rowspan="3">학생들은 줄자를 이용해 도형의 둘레를 측정할 수 있는가?</td><td>상</td><td>13</td><td rowspan="6">학생들은 여러 도형의 둘레의 길이를 계산하는 것은 잘하지만, 줄자를 이용해 둘레의 길이를 측정하는 것은 능숙하지 못했다. 학생들은 단순히 공식을 이용해 둘레의 길이를 구하는 것에는 익숙하지만, 둘레의 길이에 대한 정확한 개념을 가지고 있지 못한 것을 의미한다. 또한 줄자를 사용하는 방법에 대한 연습이 필요한 것으로 판단된다.</td></tr>
<tr><td>중</td><td>10</td></tr>
<tr><td>하</td><td>4</td></tr>
<tr><td rowspan="3">학생들은 공식을 이용해 다양한 도형의 둘레의 길이를 계산할 수 있는가?</td><td>상</td><td>21</td></tr>
<tr><td>중</td><td>4</td></tr>
<tr><td>하</td><td>2</td></tr>
<tr><td rowspan="3">학생의 수학적 태도</td><td rowspan="3">학생들은 실생활에서 수학적 문제를 찾을 수 있는가?</td><td>상</td><td>20</td><td rowspan="3">대부분의 학생들은 일상생활 속에서 수학 문제를 잘 찾아낸다. 따라서 나는 오늘 수업과 관련된 학생들의 경험을 이용하여 수업을 진행할 것이다. 또 학생들이 실생활에서 수학 문제 찾는 것에 계속 흥미를 느끼도록 수업 시간 중 보조해야 할 것이다.</td></tr>
<tr><td>중</td><td>4</td></tr>
<tr><td>하</td><td>3</td></tr>
</table>

* 표에 제시된 상, 중, 하는 교사가 그들의 지식을 바탕으로 학생들의 수준을 표시한 것이다.

표 5.3 수업의 목표(배 선생님의 수업 지도안에서 발췌)

영역	목표
지식/이해	· 학생들은 원주의 뜻을 이해할 수 있다. · 학생들은 파이(π)의 뜻과 파이(π)가 3.14에 가깝다는 것을 이해할 수 있다. · 학생들은 원의 넓이를 구하는 방법을 이해할 수 있다.
기능	· 학생들은 파이(π)를 이용해 원주를 구할 수 있다. · 학생들은 파이(π)를 이용해 원의 넓이를 구할 수 있다.
태도	· 학생들은 원과 관련된 다양한 개념을 스스로 찾아내기 위해 노력할 수 있다. · 학생들은 일상생활 속에 원과 관련한 다양한 수학 문제를 해결하는 데 긍정적인 태도를 가질 수 있다. · 학생들은 수학적 사고와 아이디어를 제시하며 교실 토론에 적극적으로 참여할 수 있다.

배 선생님은 수업 목표에 대해 진술하면서 지도안에 제시된 수업 목표를 우리에게 보여주었다. [표 5.3]은 원주의 수업과 관련하여 배 선생님이 작성한 수업의 목표이다.

배 선생님은 [표 5.3]에서 제시한 수업 목표, 그리고 [표 5.2]에서 보여준 그의 학생에 대한 지식을 바탕으로 수학 수업을 어떻게 설계하였는지 다음과 같이 설명하였다.

배 선생님 (표 5.3을 제시하며) 보시다시피 수업 목표를 이렇게 세 가지 영역으로 구분했습니다. 따라서 저는 학생들이 이 세 영역에 있어 각각의 수업 목표를 성취하도록 돕기 위해 이 세 가지 범주의 학생의 현재 상태에 대해 정확히 알아야 했습니다. 만일 제가 학생의 현재 상태에 대해 알지 못한다면 어떻게 학생들이 수업 목표에 도달할 수 있도록 세부적인 과정을 설계할 수 있겠습니까? 예를 들어, 저의 학생들은 오늘 수업 목표 중에 하나인 원주의 뜻을 이해하기 위해 원의 구성요소를 알아야 했습니다. 따라서 저는 학생들이 원의 구성요소에 대해 잘 아는지 확인하는 과정이 필요했습니다. 만일 학생들이 원의 구성요소에 대해 잘 안다면, 저는 오늘 수업 중에 이 부분에 대해 굳이 복습할 필요가 없었겠지요. 반대로, 학생들이 원의 구성요소에 대해 잘 알지 못한다면, 오늘 수업 주제와 관련된 원의 구성요소에 대해 복습하는 시간을 수업 중에 가졌을 겁니다. 그래서 저는 지도안에 내가 학생들에 대해 아는 것과 학생들이 수업 목표에 도달할 수 있도록 학생들에 대해 알아야 하는 것을 기록한 것입니다.

연구자 학생들의 지식 영역에 있어서 학생들의 선행 지식 중 원의 구성요소를 중점적으로 분석하셨는데요. 특별한 이유가 있습니까?

배 선생님 글쎄요……. 네, 아까 이야기했듯이, 저의 역할은 학생들이 수업 목표에 도달하도록 돕는 것입니다. 학생 분석 내용 중 지식과 기능 영역에서 조사하는 것은 오늘 수업과 관련하여 학생들이 꼭 알거나 가져야 하는 기능에 대한 것입니다. 학생들이 이 지식이나 기능이 없다면 오늘 수업을 따라오기 힘든 것이지요. 따라서 일단 저는 학생들이 필요한 지식과 기능이 있는지를 확인하고, 학생들이 필요한 지식과 기능이 없다면 학생들이 새로운 주제에 대해 학습할 수 있도록 별도의 과정을 계획해서 학생들을 준비시키는 것이지요.

연구자 학생 분석에 필요한 지식이나 기능은 어떻게 선정하십니까?

배 선생님 우선, 수업 목표를 확인하고요. 그 다음에 수업 목표와 제 지도안에 있는 학습의 흐름[6]과 비교하지요.

배 선생님은 면담 도중 우리에게 지도안에 있는 학습의 흐름을 보여주었으며 그 내용은 [그림 5.1]과 같다.

6) 학습의 흐름은 교사가 지도할 수학 수업 내용과 관련하여 학생들이 과거에 배운, 또는 앞으로 배울 수학 주제들을 정리한 표로, 교사의 수학 교육과정에 대한 지식을 보여준다. 자세한 내용은 제4장을 참고하라.

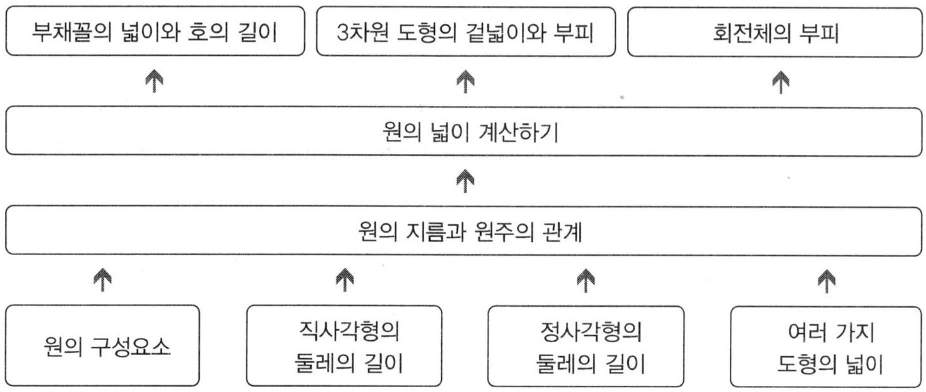

그림 5.1 학습의 흐름(배 선생님의 지도안에서 발췌)

배 선생님은 지도안을 보여준 후, 학습자 분석을 위해 학습의 흐름을 어떻게 활용하는지 다음과 같이 계속 설명하였다.

배 선생님 오늘 수업에서, 제 학생들은 원의 지름과 원주 사이의 관계를 이해해야 했습니다. 학생들이 이 관계를 이해하기 위해서 적어도 원의 구성요소는 알고 오늘 수업에 참여해야 했습니다. 만일 학생들이 지름이나 원주 개념 자체를 모른다면, 당연히 지름과 원주의 관계에 대해 가르치지 못할 것입니다. 하지만, 학생들은 오늘 수업 내용을 알기 위해서 직사각형이나 정사각형의 둘레의 길이에 대해 꼭 알아야 하는 것은 아니었습니다. 물론 이러한 내용에 대해 학생들이 잘 안다면 좋겠지만, 몰라도 오늘 수업을 따라오는 데에는 지장이 없었습니다. 그리고 학생들은 오늘 수업을 따라오기 위해서 자를 이용해 둘레의 길이를 측정하는 방법을 알아야 했고, 공식을 이용해 둘레의 길이를 구하는 방법도 알아야 했습니다.

연구자 태도는 어떻게 정하십니까? 학생들은 오늘 수업에 참여하기 위해서 지도안에 제시된 학생 분석표의 태도를 취해야 했습니까?

배 선생님 아니요. 표에 제시된 태도는 제가 학생들을 보조하기 위해 알아야 하는 정보였습니다. 학생들의 현재 상태를 알아야 이에 적합한 수업 계획을 설계할 수 있으니까요. 예를 들어, 학생들이 일상생활 속의 수학 문제를 찾는 것을 이미 좋아한다면, 저는 그저 학생들이 발견한 생활 속 수학 문제에 대해 서로 공유하는 시간만 주면 되겠지요. 하지만 만일 학생들이 좋아하지 않는다면, 저는 학생들이 일상생활 속 문제에 대해 관심을 가질 수 있도록 다양한 활동을 준비했을 겁니다.

연구자 학생 분석표에 나온 정확한 학생 수에 대해 궁금합니다. 선생님은 어떻게 20명의 학생이 원의 구성요소에 대해 높은 지식을 가졌다는 것을 알아내셨습니까?

배 선생님 가끔은 학생들을 지도한 경험을 통해 학생들을 구분하고요. 아니면 진단평가나 설문을 통해서 학생들의 현재 상태를 확인합니다.

배 선생님은 면담을 통해 학생들의 지식/이해, 기능, 태도의 세 가지 영역에 대한 현재 상태를 파악해야 하는 이유는 국가 수준의 교육과정에 제시된 학습 목표를 성취하기 위함이라고 설명하였다. 국가 수준의 수학 교육과정의 목표를 기반으로, 배 선생님은 세부 수업 목표를 설정하였고, 학생들이 수업 목표를 성취할 수 있도록 목표와 관련한 현재 학생들의 상태에 관한 스스로의 지식을 수업 지도안에 상세하게 기술하였다. 또한 배 선생님은 그가 선정한 학생의 지식/이해 및 기능과 관련한 내용의 타당성을 확보하기 위해 수학 교육과정에 제시된 수학 주제들 사이의 관련성을 보여주는 학습의 흐름을 참고하였다.

이러한 연구 결과를 토대로, 우리는 수학 학습자 지식을 학습자의 지식/이해, 기능, 태도라는 세 가지 하위 범주로 구체화하였으며, 다음 절부터 소개될 수학 학습자 지식의 활용은 이러한 틀 안에서 이해될 수 있을 것이다. 다음 절에서는 제1장에서 제시한 개념적 틀을 토대로 수학 수업 중 교사의 수학 학습자 지식 활용을 살펴볼 것이다.

5.3 수학 수업에서 초등학교 교사의 수학 학습자 지식 활용

개념적 틀에 따라 이 절에서는 연구의 분석 결과를 수업의 세 단계(수업 설계, 교실 수업, 학생 평가)로 구분하여 제시한다. 초등학교 교사의 수학 수업 중 수학 학습자 지식의 활용을 설명하기 위해, 이 절에서는 11명의 연구 참여자의 사례 중 가장 대표적인 것을 소개한다.

5.3.1 수업 설계 시 수학 학습자 지식 활용

우리는 교사들이 그들의 수학 학습자 지식을 바탕으로 수업을 체계적으로 설계했음을 알 수 있었다. 교사들은 단순히 학생들에 대해 아는 점을 확인하는 것이 아니라, 이러한 지식을 토대로 수업을 어떻게 구성하는 것이 효과적인지에 대한 시사점을 도출하였다. 예를 들어, 평행사변형의 넓이를 구하는 방법을 지도하기 위해 최 선생님은 스스로의 수학 학습자 지식과 그 지식으로부터 도출된 시사점들을 [표 5.4]와 같이 지도안에 제시하였다.

최 선생님은 세 가지 영역(지식/이해, 기능, 태도)을 기준으로 학생들을 분석하였고, 지도안에 이 세 가지 영역으로부터 도출된 수업의 시사점을 기록하였다. [표 5.4]에 대해 최 선생님은 다음과 같이 설명하였다.

> 대부분의 학생들은 평행사변형의 기본 개념과 형태에 대해 잘 알았어요. 그러나 일부 학생들이 평행사변형을 여러 가지 방향과 크기로 그리는 것에 어려움을 느끼는 것으로 나타났어요. 따라서 어려움을 느끼는 학생들을 위해 평행사변형의 밑변과 높이 등 평행사변형의 기본 개념에 대해 수업 중에 복습할 필요가 있다고 판단했어요. 오늘 수업은 평행사변형의 넓이를 구하는 방법에 대한 내용이었지만, 학생들이 평행사변형에 대해 제대로 인지하지 못하고 단순히 평행사변형의 넓이 구하는 공식만 외운다면 학생들에게 큰 도움이 되지 못한다고 판단했기 때문이에요.

표 5.4 학생의 수학적 배경 분석(최 선생님의 지도안에서 발췌)

영역	분석 내용	결과*	학생수 (28)	%	분석 결과
학생의 수학적 지식/이해	학생들은 평행사변형의 기본 개념을 알고 있는가?	상	6	21	일반적으로 학생들은 평행사변형의 일반적인 형태와 개념에 대해 잘 알았다. 이는 학생들이 이미 학원에서 배웠기 때문으로 판단된다. 그러나 대부분의 학생들은 평행사변현의 정의를 그저 외우고 있는 듯하다. 평행사변형을 회전시킨 형태나 길게 늘인 모양을 보면 평행사변형이라고 인지하지 못하기 때문이다.
		중	21	75	
		하	1	4	
학생의 수학적 기능	학생들은 다양한 형태의 평행사변형을 그릴 수 있는가?	상	19	68	다양한 방향과 크기로 평행사변형을 그리지 못하는 학생들이 있다. 이러한 학생들을 위해 수업시간에 별도의 연습이 필요하다.
		중	6	21	
		하	3	11	
	학생들은 보편 단위를 이용해 길이를 측정할 수 있으며, 눈금을 읽을 수 있는가?	상	25	89	일반적으로 학생들은 보편 단위를 이용해 길이를 측정할 수 있었다.
		중	3	11	
		하	0	0	
학생의 수학적 태도	학생들은 발견학습[7]에 흥미를 가지고 참여하는가?	상	24	86	일반적으로 학생들은 발견학습에 흥미를 가지고 수업에 참여하는 것으로 나타났다.
		중	4	14	
		하	0	0	

* 표에 제시된 상, 중, 하는 교사가 그들의 지식을 바탕으로 학생들의 수준을 표시한 것이다.

7) 교사의 구체적 설명 없이 학생 스스로 특정 과제를 완수하도록 유도하는 교수 방법. 교사는 학생들이 스스로 과제를 해결하도록 안내하는 안내자, 조력자의 역할을 한다.

> 또 학생들이 발견학습을 좋아하는 것으로 조사되었으므로 학생들이 평행사변형의 여러 성질들을 스스로 발견할 수 있도록 구체적 조작활동을 계획하였어요.

최 선생님은 이어 학생들의 지식/이해 영역에 대한 본인의 지식이 수학 수업 설계에 어떠한 영향을 주었는지에 대해 다음과 같이 구체적으로 진술하였다.

> 특히, 크기와 방향이 다른 여러 가지 평행사변형에 대한 학생들의 지식을 조사한 결과, 저는 학생들이 평행사변형을 특정한 이미지로 인지하고 있다는 것을 알게 되었어요. 예를 들어, 제 학생들 중 일부는 다음 그림 중 첫 번째 도형만 평행사변형이라고 생각하고, 나머지 도형들은 평행사변형이 아니라고 생각했어요.

최 선생님은 이야기 도중 [그림 5.2]에 제시된 세 가지 평행사변형을 그려 우리에게 보여주었다. 최 선생님에 따르면 학생들은 [그림 5.2]에 평행사변형 중 도형 1만 평행사변형이라고 인지하는 문제점이 있었다.

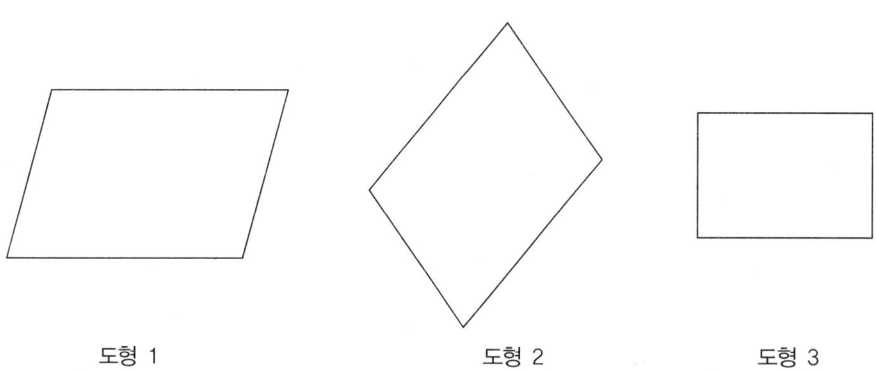

그림 5.2 여러 가지 평행사변형

최 선생님은 학생들의 현재 이해 상태에 대한 문제점을 극복하고, 수업의 목표를 달성하기 위해 수업을 어떻게 설계하였는지에 대해 다음과 같이 설명을 이어갔다.

따라서 저는 학생들로 하여금 다양한 방향과 크기의 평행사변형을 이해하도록 수업시간에 도와야 했어요. 이때, 학생들이 저의 설명을 듣기보다는 스스로 개념을 발견하는 학습 형태를 더 좋아한다는 사실을 고려했어요. 그래서 저는 학생들이 다양한 평행사변형을 찾을 수 있도록 칠교놀이를 준비했지요. 예를 들어, 학생들은 칠교놀이 조각들로 다음과 같은 다양한 평행사변형을 만들 수 있었어요.

최 선생님은 칠교 조각을 이용해 [그림 5.3]과 같이 다양한 크기와 방향의 평행사변형을 직접 만들어 우리에게 보여주었다.

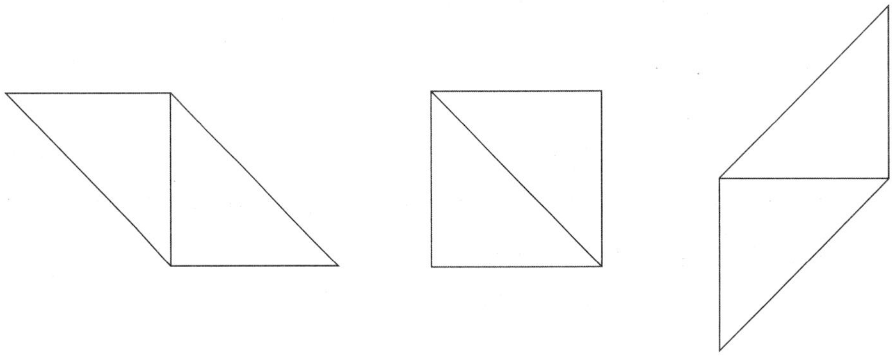

그림 5.3 칠교 조각으로 만든 여러 가지 평행사변형

최 선생님과의 면담에서 우리는 최 선생님이 학생들의 평행사변형에 대한 이해에 대한 스스로의 지식과 그것으로부터 도출된 수업의 시사점을 바탕으로 수업을 어떻게 설계하였는지를 알 수 있었다. 최 선생님은 학생들이 여러 가지 평행사변형의 형태를 이해하는 데 어려움을 느끼는 것을 알았고, 칠교 조각을 이용해 학생들 스스로 평행사변형 형태에 대한 개념을 형성할 수 있도록 수업을 계획하였다. 이를 바탕으로 한 최 선생님의 구체적인 수업 계획은 최 선생님의 수업 지도안에서 확인할 수 있었다(표 5.5 참조).

표 5.5 수학 학습자 지식을 바탕으로 설계된 최 선생님의 수업 지도안

수업 단계	세부 내용	교수·학습 활동		시간 (분)	자료(−) 및 유의점(*)
		교사	학생		
문제 제시	전차시 학습에서 학생들이 배운 내용 확인	지난 시간에 배운 것은 무엇입니까?	정사각형의 넓이를 이용하여 다양한 평면도형의 넓이를 구했습니다. 넓이를 다양한 방법으로 구했습니다.	5′	* 칠교놀이 조각
	동기유발	* 교사는 학생들로 하여금 다양한 모양의 평행사변형을 만들도록 보조한다. 칠교놀이 조각의 번호를 다음과 같이 약속한다. 큰 직각삼각형 1, 2 중간 직각삼각형 3 정사각형 4 평행사변형 5 작은 직각삼각형 6, 7	* 학생들은 칠교놀이 조각을 활용하여 다양한 평행사변형을 만들어본다. 평행사변형을 만들 수 있는 경우는 다음과 같다. - 1+2 - 5번 조각 그 자체 - 6+4+7 - 1+2+3+4+5+6+7 - 기타		

[표 5.5]에 제시된 것처럼 최 선생님은 수학 학습자 지식을 토대로 수업 활동에 대한 자세한 계획을 설계하였다. [표 5.5]를 살펴보면, 최 선생님은 학생들에게 제공할 활동만 기재한 것이 아니라, 학생들이 수업 중에 할 수 있는 답변까지 예상하여 기록한 것을 알 수 있다.

수학 학습자 지식을 바탕으로 한 체계적인 수업 설계에 대한 접근은 다른 10명의 연구 참여자 모두의 지도안에서 공통적으로 발견되었다. 예를 들어, 정 선생님 역시 평행사변형 그리기와 관련한 수업 설계 시 수학 학습자 지식을 활용하여 수업을 설계하였다. 정 선생님의 수학 학습자 지식은 수업 지도안에서 발췌한 [표 5.6]에서 확인할 수 있다.

표 5.6 학생들의 수학적 배경 분석(정 선생님의 수업 지도안에서 발췌)

영역	분석 내용	결과*	학생 수 (28)	%	분석 결과
학생의 수학적 지식/이해	학생들은 평행선의 기본 개념을 아는가?	상	30	71	대부분의 학생들은 평행선의 기본개념을 알았다. 그러나 몇몇 학생들은 평행선에 대해 정확히 알지 못했기 때문에, 수업 시간에 평행선에 대해 잘 알지 못하는 학생들을 보조할 수 있는 수업계획이 필요하다.
		중	7	17	
		하	5	12	
학생의 수학적 기능	학생들은 점종이[8]에 평행선을 그릴 수 있는가?	상	12	29	일부 학생들은 점종이에 평행선을 그릴 수 있었으나, 이를 제외한 학생들은 제대로 그리지 못했다. 따라서 학생들의 기능 수준에 따라 다양한 활동들을 준비하여, 학생들이 자신의 수준에 맞게 학습을 진행할 수 있도록 해야 한다.
		중	16	38	
		하	14	33	
학생의 수학적 태도	학생들은 수업 중에 구체적 조작활동에 적극적으로 참여하는가?	상	37	88	대부분의 학생들은 수업 중 구체적 조작활동에 적극적으로 참여한다.
		중	5	12	
		하	0	0	

* 표에 제시된 상, 중, 하는 교사가 그들의 지식을 바탕으로 학생들의 수준을 표시한 것이다.

8) 점이 격자 모양으로 찍혀 있는 종이로 모눈종이와 유사하다.

[표 5.6]에 제시된 학생의 특성과 관련한 세 영역(지식/이해, 기능, 태도)에 대한 분석에 대해, 정 선생님은 다음과 같이 설명하였다.

> 오늘 수업 내용은 평행사변형을 그려보는 것이었습니다. 평행사변형을 작도하기 위해 가장 핵심적인 것은 평행선을 그릴 수 있는가 하는 부분입니다. 대부분의 학생들은 이전 학년에서 배웠어야 할 평행선의 기본 개념에 대해 잘 아는 것으로 나타났습니다. 그리고 대부분의 학생들은 구체적 조작활동을 좋아했습니다. 그러나 점종이 위에 평행선을 그리는 것과 관련한 기능의 수준은 다양했습니다. 그래서 오늘 수업에서 학생들의 평행선 그리기 수준을 고려하여 다양한 활동을 준비했습니다.

정 선생님은 평행선을 그리는 기능과 관련하여 학생들의 기능 수준이 다양하다는 것을 알게 되었다. 따라서 학생들의 다양한 기능 수준에 따라 여러 가지 활동을 준비하는 것이 학생들이 수업 목표에 효율적으로 도달하도록 하는 데 가장 중요한 부분이라고 판단하였다. 정 선생님은 학생들의 기능에 대한 스스로의 지식을 토대로 수업을 어떻게 설계하였는지에 대해 다음과 같이 설명하였다.

> 저는 우리 반 학생들이 지식이나 태도 면에서는 별 차이가 없는 반면, 수학적 기능 측면에서는 능력 차이가 꽤 크게 나타난다는 것을 알았습니다. 그래서 이러한 다양한 기능을 가진 학생들이 한 교실에서 함께 학습할 수 있도록 수업을 설계하는 데 주안점을 두었습니다. 그래서 낮은 기능을 가진, 즉 평행선을 잘 그리지 못하는 학생들에게는 색종이로 평행사변형을 오려서 주었습니다. 중간 정도의 기능을 가진 학생들에게는 평행사변형 모델을 주고 점판[9]에서 평행사변형을 나타내보도록 하였지요. 높은 기능을 가진 학생들은 스스로의 이해를 바탕으로 평행사변형을 점종이 위에 스스로 작도해보도록 하였습니다. 물론 교과서에 평행사변형이 나와 있지만, 점종이에 직접 작도를 하는 것은 쉽지 않은 활동이었지요.

9) 판자 위에 핀을 격자 모양으로 꽂은 수학 교구. 학생들은 핀에 고무줄을 걸어 여러 가지 도형을 만들어 볼 수 있다.

이러한 교수학적 의도를 가지고, 정 선생님은 수학 학습자 지식을 바탕으로 [표 5.6]과 같이 세부적인 지도안을 설계하였다.

표 5.7 정 선생님이 수학 학습자 지식을 바탕으로 작성한 지도안 중 일부분

수업 단계	세부 내용	교수·학습 활동	시간(분)	자료(–), 유의점(*)
전개-심화	활동 2 [수준별 모둠활동]	*** 평행사변형의 이해 및 작도** - 하 수준 모둠: 학생들은 색종이로 오려진 여러 가지 사각형(직사각형, 정사각형, 마름모 등) 중 평행사변형을 찾아 점종이 위에 붙인다. 학생들은 점종이 위에 붙인 평행사변형을 보고, 다른 점종이 위에 그대로 따라 그려본다. - 중 수준 모둠: 학생들은 점판 위에 고무줄을 이용해 평행사변형을 만들어본다. 학생들은 점판 위에 평행사변형을 보고 점종이 위에 그대로 평행사변형을 따라 그린다. - 상 수준 모둠: 학생들은 점종이 위에 평행사변형을 직접 작도한다.	10′	- 점종이, 점판, 풀, 색종이를 오려 만든 여러 가지 사각형

[표 5.7]에 제시된 것처럼, 정 선생님은 수학 학습자 지식을 바탕으로 학생들의 수준에 맞춰 개별화 활동을 구성하였다. 실제 수업 관찰 결과, 학생들은 지도안에 제시된 대로 그들의 기능 수준에 맞춰 서로 다른 활동을 진행하였다. [그림 5.4]는 정 선생님이 설계한 활동들을 보여준다.

[그림 5.4]에 나타난 것처럼, 정 선생님은 학생들의 기능 차이에 따라 다른 수업 자료와 활동을 준비하였다. 이와 같은 사실에서 우리는 정 선생님의 수학 학습자 지식이 수업 중에 활동을 설계하는 데 있어 기초를 제공해주는 것을 알 수 있었다.

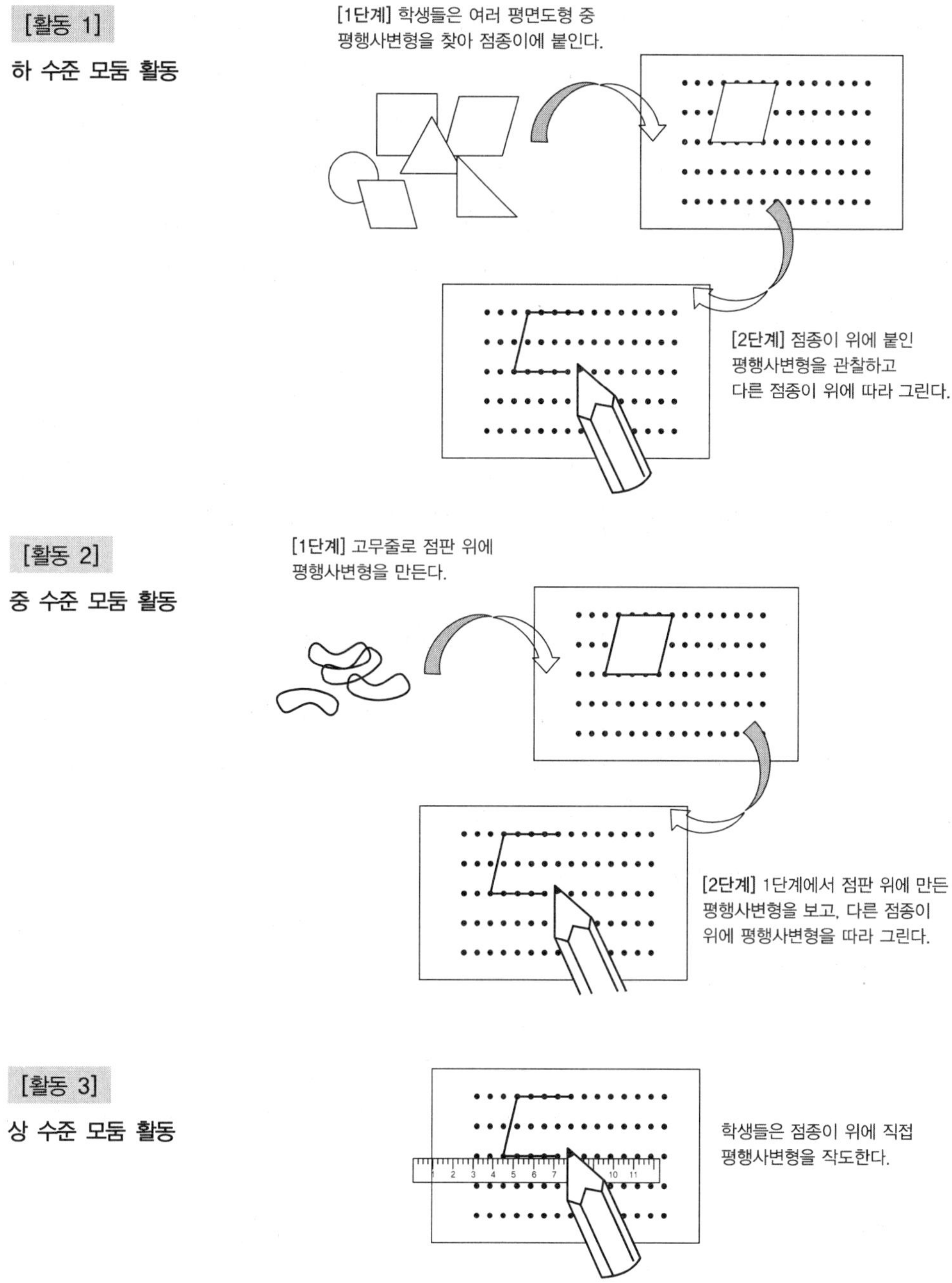

그림 5.4 수준에 따른 모둠별 수업 활동(정 선생님의 수업 중)

교사의 지식이 수업을 진행하는 데 있어 여러 결정 과정에 영향을 준다는 주장은 다른 선행 연구들에서도 찾을 수 있다(예: Robinson, Even & Tirosh, 1992; Roinson, Even & Tirosh, 1994; Fennema & Franke, 1992). 그러나 이 연구에 참여한 교사들의 수업 지도안과 수업 분석 결과 교사들의 수학 학습자 지식은 교실 수업 과정뿐 아니라 수업을 설계하고 활동을 구성하는 데 역시 영향을 미친다는 점을 알 수 있다. 앞서 기술한 대로, 교사들은 설문이나 진단평가를 통해서 학생들이 앞으로 배워야 할 내용에 대한 현재의 이해나 지식 상태에 대한 정보를 얻었다. 이러한 정보를 바탕으로 학생 수준에 맞는 수업 설계를 시행한 것이다. 수업 지도안, 수업 관찰, 면담 자료 분석을 통해 나타난 또 다른 흥미로운 점은 수업 지도안에서 계획된 내용이 실제 수업 시연으로 그대로 이어졌다는 점이다. 즉, 교사들의 수업 활동에 대한 여러 가지 결정들은 수업 중보다는 수업 전에 이미 이루어진다는 점을 알 수 있었다.

5.3.2 교실 수업 진행 시 수학 학습자 지식 활용

수업 관찰과 면담 자료 분석 결과 이 연구에서는 교사들이 그들의 수학 학습자 지식을 바탕으로 교실 수업 중에 학생들과 상호작용한다는 것을 알 수 있었다. 교사들은 그들의 수학 학습자 지식을 바탕으로 교실에서 학생들과 토론을 진행하는 동안 학생들의 수학 개념을 더욱 심화시켰다. 예를 들어, 노 선생님의 직육면체의 기본 개념에 관한 수업을 살펴보면, 수학 학습자 지식을 바탕으로 다음과 같이 학생과 언어적 상호작용을 진행하였다.

노 선생님　직육면체 모양의 상자를 관찰하고 발견한 것을 이야기해봅시다. 직육면체 모양으로 생긴 여러 가지 상자에서 여러분이 발견한 공통된 성질은 무엇인가요? (대부분의 학생들이 손을 들었다.) 대현?

대현　저는 모든 상자 바깥쪽에 글씨가 쓰여 있는 공통점을 찾았습니다.

노 선생님　잘했어요. 대현이가 발견한 것을 다 찾았나요? 대현이가 발견한 것 말고 다른 것을 찾은 학생이 있나요? (대략 10명 정도의 학생들이 손을 들었다.)

유나 저는 대현이가 찾은 게 옳지 않다고 생각해요. 제 상자들 중 몇 개는 바깥쪽에 글씨가 없어요. 그리고 이 상자는 글자 대신 그림만 있어요.

노 선생님 잘했어요. 다른 사람은? 종학?

종학 저는 유나가 발표한 것에 동의합니다. 모든 상자들은 다른 색깔과 모양으로 꾸며져 있어요. 바깥 쪽 색깔이나 디자인을 공통된 성질이라고 하면 안 될 것 같아요. 공통된 성질이면 모든 직육면체 모양의 상자에 다 적용이 되어야지요.

노 선생님의 수학 수업에서 이루어진 토론 내용은 학생들이 일상생활 속에서 발견할 수 있는 상자들을 관찰하여 직육면체의 추상적인 수학적 개념을 도출해나가는 과정을 보여준다. 학생들의 토론은 한 학생의 오개념에서부터 출발하였으며, 공통된 성질 자체의 정의에 대한 질문으로 발전되어 갔다. 면담에서 노 선생님은 직육면체의 성질에 대한 학생들의 심도 깊은 토론을 유도하기 위해 의도적으로 최초 발표한 학생을 선택하였음을 밝혔다.

> 저는 우리 반 각 학생들의 수학적 능력을 대부분 파악하고 있습니다. 그래서 굳이 듣지 않아도 학생들이 어떤 대답을 할지 대충 예측할 수 있어요. 예를 들어 수학 성적이 높고 수학 개념을 잘 이해하고 있는 학생은 거의 정답만을 이야기하지요. 물론 정답을 이야기하는 것에는 문제가 없습니다. 하지만 정답만을 이야기하는 경우는 다른 학생들이 여러 가지 방법으로 생각하게 해주는 기회를 박탈할 수도 있어요. 반면에, 수학 성적이 낮고 평상시 수학 개념을 이해하는 데 어려움을 느끼는 학생들은 정답보다는 엉뚱한 대답들을 많이 하지요. 이런 학생들은 틀린 답을 많이 하지만, 간혹 이 어린이들의 발표는 창의적이고, 다른 학생들로 하여금 생각할 여지를 주지요. 그래서 수업 중에 학생들이 깊이 생각해보기를 원하는 주제가 나오면, 저는 대부분 틀렸거나 창의적인 답변을 하는 어린이부터 토론을 시작하게 합니다. 반면, 학생들이 배운 수학 개념을 명확하게 이해시키거나 확인시킬 때에는 주로 정답을 이야기하는 아이들에게 발표 기회를 주지요.

노 선생님의 진술은 그가 수학 수업 중에 학생들과의 대화를 이끌어나가는 전략을 보여준다. 노 선생님의 수학 수업 토론 과정은 학생의 수학적 배경에 대한 교사의 이해와 교수학적 의도를 바탕으로 진행되었다. 노 선생님은 학생들이 배운 수학 내용에 대해 심도 깊게 생각해보기를 원할 때에는 오답을 말하거나 창의적인 답변을 하는 학생을 시작으로 토론을 이끌어나갔다. 이와 반대로 수학적 개념을 명확하게 확인하고 싶을 때에는 정답을 말할 수 있는 학생들에게 발표 기회를 주었다.

수학 학습자 지식을 활용하여 수업을 진행하는 사례는 다른 교사들의 수업 관찰에서도 조사되었다. 예를 들어, 김 선생님은 수학 학습자 지식을 바탕으로 수업 중 학생들과의 의사소통 전략을 세웠다. 세 번째 면담 중, 김 선생님은 수업 중에 어떻게 수학 학습자 지식을 활용하여 대화를 이끌어나가는지에 대해 다음과 같이 이야기하였다.

김 선생님 저희 반 학생들을 파악한 바에 따르면, 학생 중 일부는 모둠 활동을 안 좋아하고 발표하는 것도 싫어해요. 이 아이들은 조용하거나 수줍어하지요. 저는 이런 학생들을 억지로 모둠 활동에 넣거나 다른 친구들 앞에서 발표하게 시키지는 않아요. 대신 개인적으로 할 수 있는 활동들을 준비해주곤 하지요. 제가 너무 강하게 학생들을 활동에 참여시키거나 발표시키면, 학생들이 수학 불안을 갖게 될까 봐 걱정되어 그래요.

연구자 김 선생님, 수학 불안에 대해 더 설명해주시겠어요?

김 선생님 다른 교과와는 달리, 수학 문제에는 대부분 정답이 존재하기 마련이지요. 소심한 학생이 다른 친구들 앞에서 틀린 답을 말하는 것은 그 학생을 당황시키거나 창피하게 만들 수 있어요. 이런 경험들이 수학 불안을 만드는 요인이 될 수 있지요. 학생들의 수학 불안이 심화되면 수학 문제를 풀 때 긴장하거나 힘들어할 수 있어요.

면담에서 김 선생님은 학생들의 수학적 배경이나 그들의 정의적 태도 부분을 고려하여 학생들과 수업 시간에 언어적 상호작용을 진행한다고 이야기하였으며, 정의적 태도에 대한 고려가 학생들의 수학 불안 증가를 막을 수 있다고 생각하였다. 다른 9

명의 교사들 역시 수학 수업 중 학생들과 대화할 때 학생들의 인지적·정서적 상태를 고려한다고 이야기하였다.

램퍼(Lamper, 2001)는 수학 수업 중 토론을 진행할 때 교사가 특정한 학생을 선택하여 발표하게 함으로써 수학 토론을 통제할 수 있다고 이야기하였다. 스미스와 스테인(Simth & Stein, 2011) 역시 생산적인 수학 토론을 위해 적절한 학생을 선택하기 위해 교사는 학생들의 수업 태도 및 과제 수행 과정을 면밀히 관찰해야 한다고 주장하였다. 그러나 이 연구의 분석결과 교사의 수학 학습자 지식 역시 수학 토론을 위해 적절한 학생을 선택하는 데 있어 영향을 미치는 것으로 나타났다. 교사들은 그들의 수학 학습자 지식을 통해 학생들이 토론에 참여하기 전에 할 말을 예측할 수 있었으며, 적절한 학생을 선택함으로써 토론을 풍요롭게 하였다.

5.3.3 학생의 학습 결과물 평가 시 수학 학습자 지식 활용

교사들은 학생들의 수학 과제를 평가할 때 그들의 수학 학습자 지식을 사용하였다. 두 번째 면담에서, 교사들은 2학년 학생이 푼 받아내림이 있는 뺄셈 문제지를 분석하였다(그림 5.5 참고).

$$\begin{array}{r} 34 \\ -17 \\ \hline 23 \end{array} \qquad \begin{array}{r} 17 \\ -16 \\ \hline 01 \end{array}$$

그림 5.5 2학년 학생이 푼 문제지 중 일부

기 선생님은 문제지를 분석할 때 수학 학습자 지식을 어떻게 활용했는지에 대해 다음과 같이 이야기하였다.

기 선생님 이 문제지에서 신경 쓰이는 것이 하나 있는데요. 여기 문제를 살펴보면 숫자 사이에 선이 있는 게 보이네요. 예를 들어, 34 대신에 3 | 4 라고 쓰여 있는 것 보이시지요? 이럴 경우, 제 경험에 비춰보면 학생들은 34가 아니라 3과 4로 숫자가 따로 쓰여 있다고 생각할 수 있어요. 어쨌든, 만일 이 학생이 34로 두 숫자를 붙여 읽었는데도 문제를 이렇게 풀었다면, 이 학생은 자릿값, 뺄셈, 받아내림에 대해 모두 다시 배워야 해요. 혹시 34가 아닌 3과 4로 숫자를 나누어서 생각해서 문제를 이렇게 풀었다고 한다면 그냥 큰 수에서 작은 수를 뺀 거니까 뺄셈은 앞에서부터 뺀다는 것만 알려주면 되겠지요. 이 학생의 상태에 대해 진단하기 전에 일단 이 학생이 숫자를 34로 읽었는지 3과 4로 나누어 읽었는지부터 확인해야겠어요.

연구자 만일 학생이 34로 제대로 이해하고 이 문제를 풀었다면, 이 학생을 어떻게 지도하시겠어요?

기 선생님 글쎄요. 일단 이 학생은 관련 개념을 모두 다시 배워야 해요. 부모님께 아이의 상태에 대해 말씀드리고 도움을 얻어야겠지요. 그런데 제가 새로 가르쳐주거나 부모님의 도움을 받는 것이 이 학생에게 도움이 될는지는 잘 모르겠네요.

연구자 무슨 말씀이지요? 선생님의 별도 수업 말씀이신가요? 부모님의 도움 말씀이신가요?

기 선생님 솔직히 둘 다요. 학생들의 수의 기초 개념에 대해 1학년 수학 거의 전 과정을 통해 배우게 되지요. 하지만 이 학생을 보면 1학년 수업 내용 전체를 이해하지 못하고 있다는 생각이 드네요. 인지적으로 문제가 있는 것처럼 보여요. 물론 선생님이나 부모님이 1년 내내 잘못 지도했을 수도 있지만, 글쎄요, 이 경우에는 그런 것 같지는 않아요. 학습지에 아이가 쓴 숫자를 보세요. 너무 반듯하게 잘 썼지요? 글씨체가 바른 것은 선생님이나 부모님이 이 학생의 학습에 관심이 어느 정도 있었다는 것을 보여줘요. 아무도 이 학생의 학습에 대해 관심이 없었다면 글씨체가 엉망이겠지요. 제대로 지도받고도 이렇게 문제를 풀었다면 인지적 문제가 의심되네요.

11명 중 10명의 교사가 기 선생님과 비슷하게 이 학생의 상태를 진단하였다. 교사들은 공통적으로 2학년 학생은 두 자리 수 사이에 있는 선 때문에 수를 이해하는 데 혼동을 느낄 수 있다는 것을 지적하였다. 연구에 참여한 11명의 교사들은 초등학교 2학년 학생의 경우 추상적으로 사고하기 어려우므로 수 사이에 있는 선 때문에 숫자를 읽는 것에 어려움을 느낄 수 있다고 지적하였다. 이것은 학생 지적 발달에 대한 교사의 이해와 지식이 학생들의 과업을 평가하는 데 영향을 줄 수 있다는 것을 의미한다. 조 선생님 역시 두 번째 면담 과정에서 수학 학습자 지식을 사용하여 학생의 수학 학습을 평가하였다.

조 선생님 이 학습지, 한 학생이 모두 다 푼 것 맞지요?

연구자 네, 무슨 문제가 있으신가요?

조 선생님 글쎄요, 여러 명이 나누어 푼 것 같아서요.

연구자 무슨 말씀이신지 조금 더 설명해 주시겠어요?

조 선생님 이 학생은 숫자의 위치에 상관없이 무조건 큰 수에서 작은 수를 빼고 있어요. 그런데 답을 살펴보면 전체 문제 중에 두 문항만 정답을 썼어요. 학생들이 문제를 풀 때 보통 유사한 실수를 반복해서 하기 마련이거든요. 그래서 이렇게 두 문제만 답을 맞춘 게 이상하네요. 그리고 여기를 보시면 1대신에 01이라고 답을 썼어요. 아마 이 학생은 0에 대한 개념을 모르고 있는 것 같네요. 그리고 여기는 받아내림을 바르게 했지만, 일의 자리 수를 십의 자리 위치에다가 잘못 썼네요.

연구자 한 학생이 이렇게 많은 오류를 범하기 어렵다는 말씀이시지요?

조 선생님 네, 제 경험상, 조금 전에 말씀드렸다시피 한 학생이 보통 한두 가지의 오류 패턴을 가지고 있거든요. 그런데 이 학습지에서는 너무 많은 잘못들이 보여요. 보통 이렇게는 안 푸는데…. 보통 수학을 이해하는 데 있어 심각한 문제가 있거나 수학 문제를 풀기 싫어하는 학생들은 답에 의미 없는 숫자들을 쓰거든요. 예를 들어, 1,1,1,1처럼요. 그런데 이렇게 열심히 풀었는데도 이런

답을 썼다면 이상하네요.

조 선생님은 연구자가 제공한 학습지를 푼 학생의 수많은 오류들을 지적하였으며, 학생의 지적 능력과 수학적 태도에 대한 지식을 바탕으로 학생이 보인 오류의 의미를 해석하였다. 11명의 연구 참여 교사 중 8명이 조 선생님과 유사한 응답을 보였다. 한 학습지에 너무 많은 오류가 나타난다는 것이다. 교사들은 학생들의 수학 학습 결과를 평가할 때, 학생들의 행동패턴까지도 고려한다. 이 분석결과는 교사들이 학생들의 수학 학습을 평가할 때 단순히 수학 내용 자체만 가지고 학습 결과를 분석하지 않는다는 것을 보여주고 있다. 교사들은 학생들의 행동 패턴(예: 손 글씨, 수에 대한 수학적 오류들)을 포함한 학생의 지식이나 태도에 대한 이해를 포함한 수학 학습자 지식을 바탕으로 학생을 평가한다.

선행 연구들을 살펴보면 학생의 학습 결과에 대한 교사의 평가를 바탕으로 교사의 지식을 분석하려는 시도들은 꾸준히 있어왔다(예: Hill, Shiling & Ball, 2004; Ng, 2011; Delaney, Ball, Hill, Schilling & Zopf, 2008). 이러한 연구들의 대부분은 교사의 지식을 양적으로 평가하는데, 이는 교사들이 학생들의 학습 과정을 수학 내용과 유사한 방법으로 평가할 것이라는 가정을 바탕으로 한다. 그러나 이 연구에서 한국 초등학교 교사들의 분석결과, 교사가 학생들의 수학 학습 과정을 분석한다는 것은 단순히 문제 풀이의 절차나 정답을 확인하는 것 이상을 의미한다는 사실을 보여준다. 교사들은 학생들의 문제를 이해하는 방식, 선행지식, 행동 패턴, 그리고 학생들의 수학적 오류 등을 고려하여 학생의 수학 학습 결과를 평가하였다. 이러한 이 연구의 발견은 초등학교 교사가 학생의 일반적이지 않은 문제풀이 전략을 심도 깊게 이해해야 하며, 이러한 일반적이지 않은 문제풀이들에 알맞게 피드백을 제공할 수 있어야 한다는 기존의 연구와 맥을 같이 한다(Empson & Junk, 2004; Anderson & Kim; Kleve, 2010).

5.4 해석적 요약

이 연구에서 여러 가지 자료 분석 결과, 우리는 수학 학습자 지식이 초등학교 교사가 수학을 가르치는 데 있어 교수의 전 과정에 영향을 미치는 필수적인 지식의 범주임을 알 수 있었다. 11명의 연구 참여자의 수업 지도안 분석에서, 우리는 한국 초등학교 교사의 수학 학습자 지식이 학생의 지식/이해, 학생의 수학적 기능, 학생의 수학적 태도의 세 가지 하위 범주로 다시 구분될 수 있음을 찾아내었다. 이 세 가지 하위 범주들은 국가 수준의 수학 교육과정에 따라 설계된 수학 수업의 목표를 토대로 설정되었다. 교사들은 이 세 가지 영역에 대해 그들이 가지고 있는 지식을 수업 지도안에 기록하였으며, 이러한 지식으로부터 수업을 설계하고 수업 중 학생 활동을 구상하였다.

그뿐만 아니라, 교사들은 학생들과 수업 시간에 상호작용할 때와 학생들의 수학 학습 결과를 평가할 때 수학학생 지식을 사용하였다. 특히, 교사들은 학생들의 수학적 지식/이해, 기능, 태도를 고려하였다. 이미 여러 선행 연구자들은 교사들이 수학을 효과적으로 가르치기 위해서 학생에 대해 많이 알아야 한다고 주장해왔으나(예: Ball, Thames & Phelps, 2008; Fennema & Franke, 1992), 수학 학생으로서 무엇을 알아야 하는가에 대한 논의는 부족하였다. 이 연구에서는 한국 초등학교 교사들이 적어도 그들의 학생에 대해 지식/이해, 기능, 태도를 알아야 수업 목표를 효율적으로 도달할 수 있다는 점을 밝혀내었다.

이 연구의 분석결과 수학 학습자 지식은 교사의 수학 교육과정 지식과 연결된다는 점을 알 수 있었다. 교사들이 학생들의 수학적 배경을 고려할 때, 그들은 국가 수준의 교육과정에 대한 그들의 지식을 기반으로 학생의 수학 학습 이력을 고려하였다. 이와 유사하게, 교사들의 학생의 학습을 진단할 때에도 학생의 학습이력을 토대로 판단하였다. 이와 같은 분석 결과에서, 우리는 교사들이 수학 수업을 가르칠 때 하나의 지식 영역만을 활용하기보다는, 수학 교수를 위한 여러 지식을 함께 통합하여 사용한다는 것을 알 수 있었다.

참고문헌

An. S., Kulm. G., & Wu. Z. (2004). The pedagogical content knowledge of middle school mathematics teachers in China and the U.S. *Journal of mathematics teacher education, 7*, 145-172.

Anderson, H. & Kim, S. (2003). A missing piece in an elementary school mathematics teacher's knowledge base. *Issues in Teacher Education, 12*, 17-23.

Ball, D. L., Thames, M. H., & Phelps, G. (2008). Content knowledge for teaching: What makes it special? *Journal of Teacher Education, 59*, 389-407.

Calderhead, J., & Shorrock, S. B. (1997). Understanding teacher education: *Case studies in the professional development of beginning teachers.* London, England: Falmer Press.

Delaney, S., Ball, D. L., Hill, H. C., Schilling, S. G., & Zopf, D. (2008). Mathematical knowledge for teaching: Adapting U.S. measures for use in Ireland. *Journal of Mathematics Teacher Education, 11*, 171-197.

Donovan, M. S., & Bransford, J. (Eds.). (2005). *How students learn: Mathematics in the classroom.* Washington, DC: National Academies Press.

Empson, S. B., & Junk, D. L. (2004). Teacher's knowledge of children's mathematics after implementing a student-centered curriculum. *Journal of Mathematics Teacher Education, 7*, 121-144.

Fennema, E., & Frank, M. (1992). Teachers' knowledge and its impact. In D.A. Grouws (Ed.), *Handbook of research on mathematics teaching and learning (pp. 147-164).* New York, NY: Macmillan Publishing.

Golbeck, S. L., & Ginsburg, H. P. (Eds.) (2004). Early Learning in mathematics and science: Special issue on early learning in math and science. *Early Childhood Research Quarterly, 19*, 1-200.

Hill, H. C., Ball, D. L., & Schilling, S. G. (2008). Unpacking pedagogical content knowledge: Conceptualizing and measuring teachers' topic-specific knowledge of students. *Journal for Research in Mathematics Education, 39*, 372-400.

Hill, H. C., Schilling, S. G., & Ball, D. L (2004). Developing measures of teachers' mathematics knowledge for teaching. *Elementary School Journal, 105*, 11-30.

Kleve, B. (2010). Contingent moments in a lesson on fractions. *Research in Mathematics Education, 12*, 157-158.

Lampert, M. (2001). *Teaching problems and the problems of teaching.* New Haven, CT: Yale University Press.

National Council of Teachers of Mathematics. (2000). *Principles and Standards for school mathematics.* Reston, VA: Author.

Ng, D. (2011). Indonesian primary teachers' mathematical knowledge for teaching geometry: Implications for educational policy and teacher preparation programs. *Asia-Pacific Journal of Teacher Education, 39*, 151-164.

Robinson, N., Even, R., & Tirosh, D. (1992). Connectedness in teaching algebra: A novice-expert contrast. In W. Geeslin & K. Graham (Eds.), Proceedings of the 16th PME International Conference, *2*, 258-263.

Robinson, N., Even, R., & Tirosh, D. (1994). How teachers deal with their students'conceptions of algebraic expressions as incomplete. In J. P. Ponte & J. F. Matos (Eds.), *Proceedings of the 18th PME International Conference, 4*, 129-36.

Shulman, L. S. (1986). Those who understand: Knowledge growth in teaching. *Educational Researcher, 75*, 4-14.

Shulman, L. (1987). Knowledge and teaching: Foundations of the new reform. *Harvard Educational Review, 57*, 1-22.

Smith, M. S., & Stein, M. K. (2011). *5 practices for orchestrating productive mathematics discussions.* Reston, VA: National Council of Teachers of Mathematics.

이중권(2004). 우리나라의 수학교육과정. 대한민국; 경문사.

제 6 장

한국 초등학교 교사의 수학 교수를 위한 지식의 범주 III : 기초 수학 개념 지식

교사의 수학 주제에 대한 정신적 표상과 그 표상들 간 관계에 대한 지식을 기초 수학 개념 지식이라 한다. 기초 수학 개념 지식은 또한 추상적인 수학 개념을 학생들이 이해할 수 있는 형태로 변환시키는 지식을 포함한다. 기초 수학 개념 지식은 내재적 수학 개념 지식과 외재적 수학 개념 지식의 두 하위 범주로 구분된다. 초등학교 교사들은 기초 수학 개념 지식을 활용하여 수업을 설계하는 한편, 수업 도중 학생들과의 수학적 토론을 진행하였다.

6.1 도입

교사의 수학 내용에 대한 지식은 수학적 정의나 절차를 단순히 암기하는 것을 의미하지는 않는다. 교사의 수학 내용의 지식은 교과 자체에 대한 이해를 포함해야 하기 때문이다(Shulman, 1987; Wilson, Shulman & Richert, 1987). 슐만에 따르면, 교사의 교과 내용에 대한 이해는 가르치는 것과 관련한 일반적 지식과 구분되어야 한다. 즉, 교사의 교과 내용에 대한 지식은 이론, 원리, 특정한 개념을 포함한 교과 내용의 구조에 대한 이해를 포함해야 한다. 또 교수와 관련된 지식은 교과 내용과 교육학의 교차점에 존재하는데, 교사가 내용 지식을 교육학적 의도를 가지고 배경과 능력이 다양한 학생들의 수준에 맞게 변환시킬 수 있는 능력을 포함한다(Shulman, 1987).

이 장은 이 연구에서 기초 수학 개념지식을 어떻게 정의하였으며 그 하위 지식 영역들은 무엇이 있는지에 대한 설명으로 시작된다. 특히 첫 번째 절에서는 우리가 개념이라는 용어를 어떻게 이해하였는지에 대한 간략한 논의로 시작되는데, 이는 기초 수학 개념 지식을 정의하는 데 있어 기초를 제공할 것이다.

6.2 기초 수학 개념 지식

교사들의 기초 수학 개념 지식을 이해하기 위해서, **개념**이라는 용어를 우선 정의하고자 한다. 개념은 사고, 언어, 관계성을 연결시키는 정식적 표상을 일컫는다(Margolis & Laurence, 1999). 특히, 수학 교육에 있어 수학적 개념은 감각적 경험으로부터 도출된 정신적 표상과 이러한 표상들 사이의 관계 모두를 지칭하는 용어이다(Skemp, 1989). 예를 들어, 학생들은 그들의 경험을 통해서 직사각형에 대한 정신적 표상을 발전시킬 수 있다. 직사각형에 대한 정신적 표상은 정육면체, 삼각형, 원과 같은 다른 수학적 개념과의 연결을 통해 더욱 정교해질 수 있다. 다른 도형들과의 공통점과 차이점

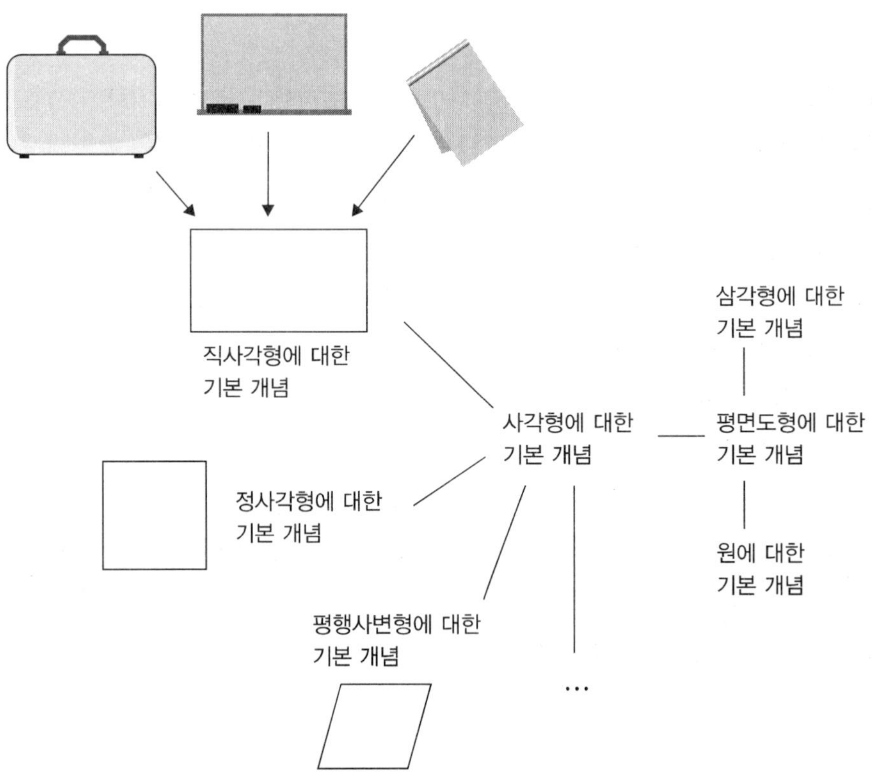

그림 6.1 직사각형의 개념에 대한 예시

을 비교해가면서, 학생들은 직사각형의 개념을 명확히 이해할 수 있게 되는 것이다(그림 6.1 참고).

수학 개념에 대한 이해가 있는 학생들은 단순히 반복에 의한 기억에 의존하기보다는 새로운 수학적 지식을 창출해나가면서 수학 문제를 해결한다(Kilpatrick, Swafford & Findell, 2001). 따라서 교사들은 학생들이 수학적 개념을 이해하도록 도울 수 있어야 한다. 이때, 수학적 개념은 학생들 개개인의 정신세계에서 형성되기 때문에, 교사들은 자신의 심도 깊은 수학적 개념을 바탕으로 학생들이 자연스럽게 수학적 개념을 정신적 세계에서 발전시킬 수 있도록 학습 과정을 설계할 수 있어야 한다(Skemp, 1989). 그러나 선행 연구들을 살펴보면 소수의 교사를 대상으로 한 사례 연구이거나 신규교사들 대상으로 한 연구들이 주를 이루었기 때문에, 그 중요성에도 불구하고 수학 개념에 대한 교사의 지식은 아직 명확히 규명되지 못하고 있다(Hill, Shilling & Ball, 2004). 또한 대부분의 선행연구들은 초등학교 교사가 알고 있어야 할 수학적 개념은 무엇인가를 규정하는 데 주안점을 두어서, 교사들이 수학적 개념을 바탕으로 어떻게 수업을 설계하고 진행하는가에 대한 논의가 부족하였다. 교사들의 수학 개념에 대한 지식은 학생들의 그것과 다를 수 있다. 교사들은 단순히 수학 개념을 이해하는 것을 넘어 이를 바탕으로 어떻게 교실 안에서 학생이 이해할 수 있는 형태로 수학적 표상들과 이들의 관계를 제시해야 하는가를 포함해야 하기 때문이다(Fennema & Franke, 1992).

이 연구의 자료 분석 결과, 우리는 한국 초등학교 교사가 수학 개념에 대한 심도 깊은 지식을 가지고 있으며, 이를 수학 수업에 사용한다는 것을 발견하였다. 이 연구에서는 수학 개념과 관련한 교사의 지식을 기초 수학 개념 지식(Fundamental Mathematics Conceptual Knowledge, FMCK)라고 명명하였다. 기초 수학 개념 지식은 수학 내용에 대한 교사의 정신적 표상과 그 표상들 사이의 관계를 지칭한다. 또한 기초 수학 개념 지식은 추상적인 수학 개념을 학생이 이해할 수 있도록 변환하는 지식도 포함한다. 일부 선행연구에서 학생들이 이해할 수 있는 형태로 수학 개념을 변환하여 나타내는 지식을 교수학적 내용 지식으로 나타내기도 하였으나(예: An, Kulm & Wu, 2004; Fennema & Frank, 1992), 이 연구에서는 기초 수학 개념 지식이 수학적 개념과 표상을 모두 포함하는 것으로 규정하였다. 이는 교사의 수학 개념에 대한 지식과 수학 수업에 있어 개념을 나타내는 방법은 상호 불가분의 관계에 있고, 학생들이 수학 개념 지식과 교사의 수학 개념 지식에는 분명 차이가 있기 때문이다.

스켐프(Skemp, 1989)는 수학 개념이 감각경험에서 도출된 정신적 표상과 이 표상들의 관계로 이루어진다고 주장하였다. 이 연구에서는 이러한 관점을 토대로 기초 수학 개념 지식을 내재적 수학 개념 지식(Intrinsic Mathematics Conceptual Knowledge, IMCK)과 외재적 수학 개념 지식(Extrinsic Mathematics Conceptual Knowledge, EMCK)의 두 하위 영역으로 구분하였다.

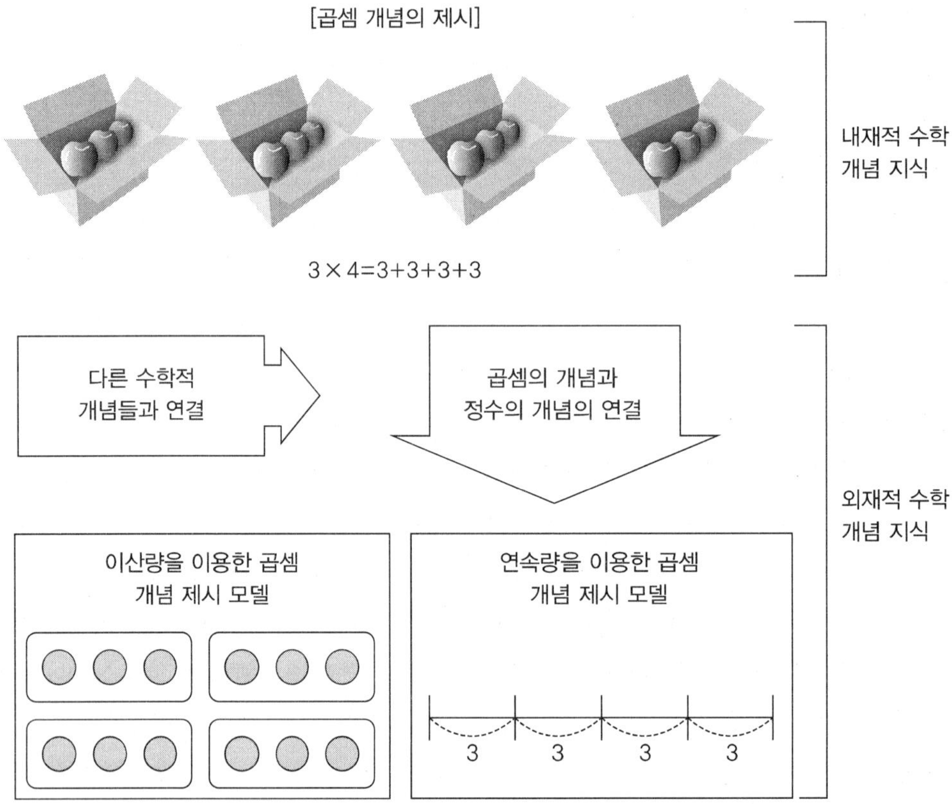

그림 6.2 내재적 수학 개념 지식과 외재적 수학 개념 지식의 예시

내재적 수학 개념 지식은 추상적인 정신적 표상에 대한 교사의 지식과 이러한 정신적 표상들에 대한 학생들의 이해를 위해 감각적 경험을 제공하는 여러 방법에 대한 지식을 지칭한다. 외재적 수학 개념 지식은 수학적인 정신적 표상 사이의 관계와 이에 대한 학생들의 이해를 돕기 위한 여러 교수학적 방법에 대한 교사의 지식을 의미한다. 예를 들어, 교사들이 수업 중 곱셈의 개념에 대한 추상적이고 정신적인 표상을 가르치고자 한다면, 그들의 내재적 수학 개념 지식을 토대로 동수누가와 같은 기본적 곱셈 개념을 토대로 곱셈식을 제시할 수 있다. 반면, 곱셈과 관련한 수학적 개념 중 정수의 개념을 토대로 곱셈을 지도한다면, [그림 6.2]와 같이 이산량[10)]과 연속량[11)]의 개념을 연결하여 곱셈을 지도할 수도 있다.

6.3 수학 수업 중 기초 수학 개념 지식의 사용

제1장에서 제시된 개념적 틀을 바탕으로 이 절에서는 수학 수업을 설계, 진행, 학생의 수학 학습 평가 중 활용된 교사의 기초 수학 개념 지식의 사례를 소개하고자 한다.

6.3.1 수업 설계 시 기초 수학 개념 지식 활용

수업 지도안 및 면담 자료 분석 결과, 초등학교 교사들은 수학 수업을 설계할 때 기초 수학 개념 지식을 사용한다는 것이 발견되었다. 교사들이 기초 수학 개념 지식을 지도안에 명시한 것은 아니었지만, 세 번째 면담에서 추출한 내용들을 살펴보면 그들이 수업 설계 시 기초 수학 개념 지식을 사용하고 있다는 것을 알 수 있었다. 특히, 교사들은 내재적 수학 개념 지식과 외재적 수학 개념 지식 모두를 사용하고 있는 것이

10) 이산량(離散量, discrete quantity): 사과의 개수와 같이 비연속적인 정수의 값을 취하는 양
11) 연속량(連續量, continuous quantity): 길이, 시간과 같이 연속적으로 변화하는 양

확인되었다. 이 절에서는 기초 수학 개념 지식 활용에 있어 가장 대표적인 사례들을 소개하지만, 이 연구에 참여한 11명의 교사들 모두 수업 설계 시 기초 수학 개념 지식을 활용하였다.

예를 들어, 이 선생님은 4학년 학생들을 대상으로 수학 수업 중 넓이와 관련한 보편 단위(예: cm^2)의 개념을 지도하였다. 보편 단위에 대한 감각적 경험 제공을 통해 학생의 넓이에 대한 이해를 증진시키기 위해, 이 선생님은 칠교놀이 조각들을 수업 중 사용하였다. 이 선생님과의 세 번째 면담 결과 중 추출한 다음 내용은 이 선생님이 수학 수업 중 활동을 설계하기 위해 본인의 내재적 수학 개념 지식을 어떻게 사용하였는지를 보여준다. 앞서 설명한 바와 같이, 내재적 수학 개념 지식은 수학적 표상 및 이러한 표상을 학생들에게 이해시킬 수 있는 형태로 변환한 감각적 경험에 대한 교사의 이해를 지칭한다. 이 선생님은 칠교놀이 조각을 넓이를 계산하는 데 필요한 보편 단위의 개념을 지도하는 데 사용하였다. 이 선생님은 내재적 수학 개념 지식을 토대로 어떻게 수업 활동을 설계하였는지에 대해 다음과 같이 설명하였다.

> 일반적으로 학생들은 직사각형의 넓이를 계산할 때 단순히 가로 길이와 세로 길이를 곱해 구할 수 있다고 암기하는 경향이 있습니다. 하지만, 저는 학생들이 직사각형뿐 아니라 여러 평면도형의 넓이를 구하는 방법을 이해하기 위해 보편 단위에 대한 기본 개념을 알아야 한다고 생각했습니다. 직사각형의 넓이를 구하는 것은 사실 직사각형 영역 안에 있는 보편 단위의 개수를 세는 것과 같은 이치이지요. 따라서 학생들이 평면도형의 넓이를 구하기 위해 보편 단위가 필요하다는 것을 깨닫게 해주고 싶었습니다. 그래서 오늘 활동 도구로 칠교놀이 조각을 선택했습니다. 칠교놀이의 각 조각은 넓이에 관해 일정한 관련성이 있지요. 칠교놀이 조각 중 가장 작은 삼각형의 넓이를 1이라고 가정한다면, 다른 조각들의 넓이는 1, 2, 4로 나타낼 수 있습니다(그림 6.3 참고).

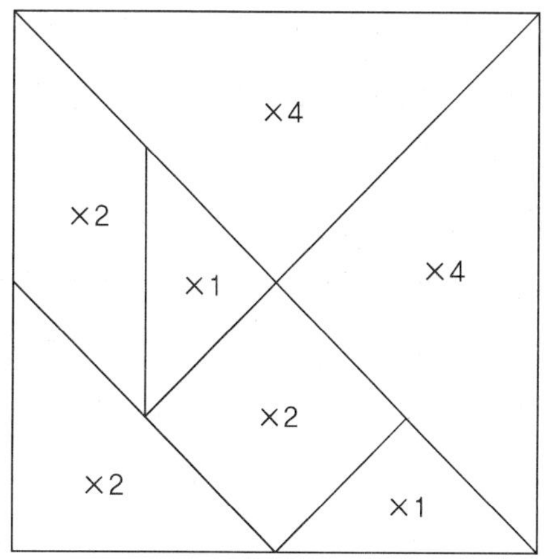

그림 6.3 칠교놀이 조각들의 넓이의 상관관계

[그림 6.3]은 칠교놀이 조각들의 넓이의 관계를 보여주고 있다. 이 선생님은 칠교놀이 조각들에 대한 관찰을 토대로 넓이를 계산함에 있어 보편 단위의 개념에 대한 감각적 경험을 학생들에게 제공하려 하였다. 이러한 교수학적 의도를 토대로, 이 선생님은 [표 6.1]과 같은 지도안을 설계했다고 이야기하였다.

표 6.1 이 선생님의 지도안에서 발췌 I

수업 단계	세부 내용	교수·학습 활동		시간(분)	자료(–), 및 유의점(*)
		교사	학생		
단위의 필요성 이해하기	활동 1	- 학생들에게 칠교놀이 조각을 제공한다. · 칠교놀이 조각을 가장 크기가 작은 것(넓이가 가장 작은 것)부터 가장 큰 것까지 순서대로 배열해봅시다. · 왜 그렇게 배열했는지 이유를 설명해봅시다.	- 학생들은 칠교놀이 조각의 크기를 비교해본다. - 학생들은 자신이 배열한 이유에 대해 설명한다.	10′	* 칠교놀이 조각

지도안 분석 결과에서 이 선생님이 학생들로 하여금 칠교놀이 조각의 크기를 관찰하여 넓이를 비교하는 활동을 구성했음을 알 수 있었다. 이 선생님은 또한 학생들로 하여금 관찰하여 발견한 것을 설명하도록 활동을 구성하였다.

또한 이 선생님은 수학 개념을 학생들에게 지도하기 위한 활동을 구성할 때 외재적 수학 개념 지식을 활용하였다. 앞서 제시한 것처럼, 외재적 수학 개념 지식은 정신적인 수학 표상들 사이의 관계와 이러한 관계를 학생들의 이해를 돕기 위해 수업 시간에 어떻게 제시하는가와 관련한 지식이다. 수업 중 이 선생님은 센티미터와 제곱센티미터의 관계에 대한 지식을 수업시간에 활용하였는데, 특히 이 선생님은 센티미터와 제곱센티미터가 모두 보편 단위를 사용한다는 점에 주목하였다. 이 선생님과의 세 번째 면담을 통해 우리는 이 선생님이 수업 활동을 계획할 때 어떻게 외재적 수학 개념 지식을 사용하였는지를 확인할 수 있었다. 이 선생님은 수업 중 넓이의 단위로 제곱센티미터를 소개하면서 센티미터를 언급한 이유에 대해 다음과 같이 설명하였다.

> 지도안에서, 저는 1제곱센티미터를 1센티미터와 비교하면서 1제곱센티미터의 개념을 학생들에게 제시하였습니다. 우리가 1센티미터의 개념을 지도할 때, 학생들로 하여금 손바닥 길이와 같은 임의 단위의 불편함에 대해 생각해보도록 하지요. 손바닥 길이와 같은 임의 단위를 사용하면 학생들마다 기준 길이가 달라서 전체 길이가 다르게 측정되는 불편함을 느끼게 하면서요. 1센티미터와 같은 보편 단위가 필요하다는 것을 학생들이 깨닫게 되지요. 넓이 단위에 있어서 임의 단위를 찾기는 쉽지 않아요. 그래서 학생들에게 길이의 보편 단위가 필요하다는 사실을 통해 넓이의 보편 단위가 필요하다는 것을 깨닫게 해주고 싶었어요.

면담에서 이 선생님은 1제곱센티미터와 1센티미터라는 수학적 표상 사이의 관계를 수업 설계에 사용하였음을 진술하였다. 1센티미터는 길이의 보편 단위이고 1제곱센티미터는 넓이의 보편 단위이다. 이처럼 이 선생님은 외재적 수학 개념 지식을 토대로, [표 6.2]와 같이 수업을 설계하였다.

표 6.2 이 선생님의 지도안에서 발췌 II

수업 단계	세부 내용	교수·학습 활동		시간 (분)	자료(–), 및 유의점(*)
		교사	학생		
넓이를 계산하기 위해 보편 단위 이해하기	활동 1	- 교사는 1센티미터의 개념을 통해 1제곱센티미터를 학생들이 이해할 수 있도록 돕는다. · 길이를 측정할 때 왜 1센티미터를 사용하나요? · 만일 손바닥과 같이 서로 다른 길이의 기준을 사용하면 어떤 문제점이 생길까요? · 넓이를 구하는 방법을 생각해봅시다. 모든 사람이 넓이를 계산한 값이 똑같이 나오려면 무엇이 필요할까요? · 넓이 계산을 할 때 보편 단위로 가장 적합한 것은 무엇일까요? 왜 그렇게 생각하나요?	- 학생들은 넓이를 계산하기 위한 보편 단위의 필요성을 이해한다. · 질문에 답한다. · 사람마다 기준 단위가 다르면 측정한 길이가 서로 다를 수 있습니다. · 보편 단위가 필요합니다. · 1제곱센티미터가 적합하다고 생각합니다. 왜냐하면 1센티미터가 길이의 보편 단위이기 때문입니다.	5′	* 학생들이 질문에 답하기를 어려워하는 경우, 교사는 질문을 더 쉽게 다시 제시하여 학생들이 답변할 수 있도록 돕는다.

지도안 분석을 통해서, 우리는 이 선생님이 학생들이 넓이를 계산할 때 보편 단위의 필요성을 이해하는 것을 돕기 위해 보편 단위들의 관계에 주목하고 있었음을 알 수 있었다. 이 선생님뿐 아니라, 이 연구에 참여한 다른 교사들도 기초 수학 개념 지식을 수업 설계에 사용하고 있었다. 예를 들어, 기 선생님은 두 자릿수의 덧셈을 지도하기 위한 수업 활동을 사용하면서 내재적 수학 개념 지식과 외재적 수학 개념 지식을 모두

사용하였다. 특히, 기 선생님은 자연수의 두 자릿수 덧셈과 관련한 수학적 모델을 설계하면서, 내재적 수학 개념 지식에 입각하여 두 가지 감각적 경험 모델을 구안하였다. 기 선생님은 학생들이 덧셈에 관한 개념을 이해시키기 위해 하나의 수학적 활동 안에 두 가지의 수학적 상황을 포함시켰는데, 이와 관련한 교수학적 의도에 대해 다음과 같이 진술하였다.

> 덧셈과 관련한 두 가지 상황이 있습니다. 첫 번째는 서로 다른 두 그룹의 원소들을 하나의 묶음으로 합병하는 것이고, 다른 하나는 원래 있던 그룹에 새로운 원소를 추가하는 첨가의 상황이지요.

기 선생님은 위와 같이 진술하면서 덧셈과 관련한 두 가지 상황에 대한 각각의 모델을 [그림 6.4]와 같이 그렸다.

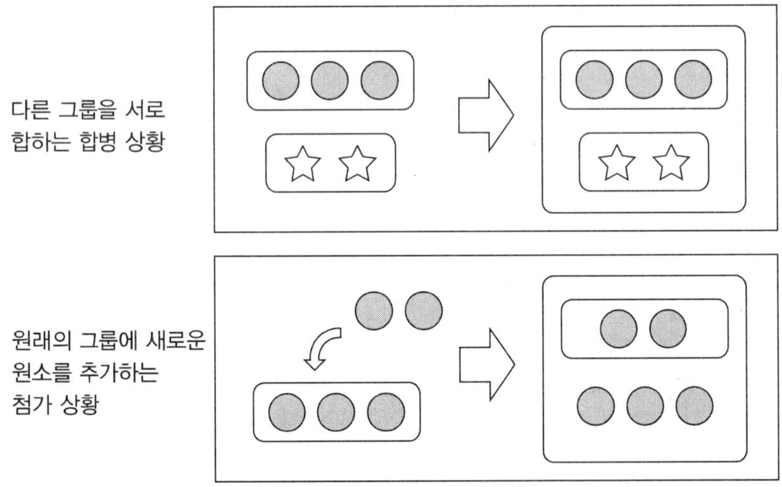

그림 6.4 자연수의 덧셈과 관련한 두 가지 감각 경험 모델

기 선생님은 덧셈과 관련한 수학 개념의 이해를 바탕으로 어떻게 수업 활동을 설계하였는지에 대해 다음과 같이 설명하였다.

> 학생들이 자연수의 덧셈과 관련한 이 두 가지 상황에 대해 굳이 구별할 필요는 없을 듯합니다. 그러나 학생들은 두 상황 모두 덧셈 상황이라고 인지할 수 있어야 합니다. 따라서 저는 학생들에게 두 상황에 대한 각각의 모델과 활동을 수업 중에 제시하였습니다. 이러한 활동을 통해서, 학생들이 덧셈과 관련한 수학 문제를 해결할 때 다양한 상황들을 덧셈으로 해결해야 한다는 것을 깨닫도록 돕고 싶었습니다.

기 선생님의 설명은 그가 덧셈의 기본 개념과 관련하여 심도 깊은 내재적 수학 개념 지식이 있다는 것을 보여주고 있다. 기 선생님은 그의 지식을 토대로 자연수의 덧셈과 관련한 다양한 감각 경험들을 제시하는 활동을 설계하였다. 동시에, 기 선생님은 덧셈과 정수에 대한 수학적 개념과 관련한 그의 외재적 수학개념 지식을 사용하였다. 수업 지도안을 살펴보면, 덧셈과 관련한 수학적 상황들을 지도하기 위해 다양한 교구들을 포함한 여러 활동들을 설계하였음을 알 수 있었다. 특히, 기 선생님은 십진막대와 수직선을 동시에 사용하였는데, 이 두 가지 교구들을 한 수업에 사용한 이유에 대해 다음과 같이 설명하였다.

> 제가 수업 시간에 두 가지 종류의 수학 교구를 사용한 이유는 이산량과 연속량을 나타내기에 적합했기 때문입니다. 십진막대는 이산량을 표현하기에, 수직선은 연속량을 나타내기에 적합했어요. 저는 학생들이 덧셈을 배울 때 이산량과 연속량 모두의 덧셈 개념에 대해 이해하는 것이 중요하다고 생각했습니다. 사실 저는 연속량 지도와 관련하여 길이, 무게, 부피와 같은 여러 개념들을 더 도입하고 싶었지만, 아직 2학년 학생들은 연속량과 관련하여 1학년 때 시간에 관해 배운 게 전부라, 오늘 수업에서는 시간에 관련해서만 활동을 설계했습니다.

기 선생님은 그의 외재적 수학 개념 지식을 토대로, 정수와 덧셈의 기본 개념들 사이의 연관성을 수업 설계에 활용하였다. 기 선생님의 외재적 수학 개념 지식은 [표 6.3]과 같이 그의 지도안 설계에 영향을 미쳤음을 알 수 있다.

표 6.3 기 선생님의 지도안에서 발췌

수업 단계	세부 내용	교수·학습 활동		시간(분)	자료(-) 및 유의점(*)
		교사	학생		
덧셈식을 나타내는 방법 알기	문제풀기 1	[문제 1] 13명의 남학생과 11명의 여학생들이 운동장에서 놀고 있습니다. 학생은 모두 몇 명입니까?		10′	- 십진막대
		· 남학생은 몇 명입니까?	· 13명입니다.		
		· 여학생은 몇 명입니까?	· 11명입니다.		
		· 남학생과 여학생의 수를 각각 십진막대로 나타내어 봅시다.			
		· 학생들은 모두 몇 명입니까?	· 24명입니다.		
		· 학생의 수를 구하는 과정을 덧셈식으로 나타내어 봅시다.	· 13+11=24		
	문제풀기 1-2	[문제 2] 지나는 구슬이 15개 있습니다. 엄마는 지나에게 12개의 구슬을 더 주었습니다. 지나는 현재 구슬을 몇 개 가졌습니까?			- 십진막대
		· 지나는 처음에 몇 개의 구슬을 가졌습니까?	· 15개입니다.		
		· 엄마가 지나에게 준 구슬은 몇 개입니까?	· 12개입니다.		
		· 각 구슬의 수를 십진막대로 나타내어 봅시다.			

		· 지나는 마지막에 몇 개의 구슬을 가졌습니까?	· 27개입니다.		
		· 지나가 가진 구슬의 수를 구하는 과정을 덧셈식으로 나타내어 봅시다.	· 15+12=27		
	문제풀기 2	**[문제 3]** 지나는 부모님을 그렸습니다. 아버지를 그리는 데 12분이 걸렸고, 어머니를 그리는 데 13분이 걸렸습니다. 지나가 부모님을 모두 그리는 데 몇 분이 걸렸습니까?			- 수직선
		· 지나가 아버지를 그리는 데 걸린 시간은 몇 분입니까?	· 12분입니다.		
		· 지나가 어머니를 그리는 데 걸린 시간은 몇 분입니까?	· 13분입니다.		
		· 지나가 아버지와 어머니를 그리는 데 사용한 시간을 수직선 위에 표시해 봅시다.			
		· 지나가 부모님을 그리는 데 걸린 시간은 모두 몇 분입니까?	· 25분입니다.		
		· 지나가 부모님을 그리는 데 걸린 시간을 덧셈식으로 나타내어 봅시다.	· 12+13=25		

6.3.2 교실 수업 진행 시 기초 수학 개념 지식 활용

교사들은 수학 수업 중 학생들과 대화할 때 기초 수학 개념 지식을 사용하였다. 특히, 이 연구에서는 교사들이 학생들의 새로운 수학 개념 이해를 돕기 위해 내재적 수학 개념 지식을 사용하고 있음을 알 수 있었다.

예를 들어, 수업 관찰 도중 양 선생님은 학생들이 두 자릿수를 세는 것과 관련한 수학적 개념을 이해시키기 위해 내재적 개념 지식을 사용하였다. 양 선생님은 수업 도중 빨대를 10개씩 묶어 세는 방법으로 수 세는 방법을 설명하였다. 설명이 끝난 후, 양 선생님은 학생들에게 빨대를 나누어주며 직접 세어보라고 했다. 학생들은 각자 빨대의 개수를 세기 시작하였다. 갑자기 양 선생님은 학생들의 활동을 멈추게 한 후 학생들로 하여금 자신을 바라보게 했다. 이후 양 선생님은 학생들과 다음과 같은 수학적 대화를 진행하였다. 다음 대화는 수업 녹화 내용 중에서 추출한 것으로 양 선생님과 1학년 학생들이 주고받은 이야기이다.

양 선생님 수 세기를 아주 잘하고 있네요. 잠깐 멈추고 선생님을 도와줄 수 있겠어요? (양 선생님은 한 손에 30여 개의 빨대를 쥐고 있었다.) 선생님이 이 빨대들의 개수를 세려고 해요. 선생님이 제대로 개수를 세나 잘 보세요.

학생들 네, 선생님.

양 선생님 (오른손에 쥐고 있던 빨대를 하나씩 왼손으로 옮기며) 하나, 둘, ……, 스물일곱, (갑자기 손에 들고 있던 모든 빨대를 책상 위에 놓고 창문을 가리키며) 저게 뭐지? 얘들아 밖에 뭐 지나가는 거 못 봤니?

학생들 뭐가요? 아무것도 없었는데요.

양 선생님 이런! 빨대를 몇 개까지 세었는지 잊어버렸네. 다시 세자. 하나, 둘, ……, 열다섯, (갑자기 손에 들고 있던 모든 빨대를 책상 위에 두고 바닥을 손가락으로 가리키며), 어머! 여기 연필이 있었네. 이런, 또 몇 개를 세었는지 잊어버렸네.

학생들 (한숨)

양 선생님 이런, 또 다시 세야겠구나. 그런데 수를 세다가 또 잊어버릴까 봐 걱정이 돼. 어떻게 수를 세면 잘 기억할 수 있을까?
(5분 동안의 토론 후에, 한 학생이 다음과 같이 이야기하였다.)

진호 저는 선생님께서 빨대를 10개씩 묶어두면 잘 기억하실 것 같아요. 그럼 10개 묶음이 몇 개인지만 세면 금방 수를 셀 수 있을 것 같아요.
(양 선생님은 진호가 제안한 대로 수를 세기 시작하였다. 양 선생님은 빨대를 10개씩 묶어 책상 위에 내려놓았다.)

양 선생님 진호 말처럼 세어보니 10개씩 두 묶음이고 8개가 더 있네. 이 수를 어떻게 나타내면 좋을까?

학생 28이에요.

양 선생님 (숫자 2를 칠판에 쓰면서) 10개 묶음이 2개 있고, (칠판에 숫자 8을 쓰면서) 낱개가 8개 더 있었구나. (양 선생님이 이와 같이 적은 후 다시 학생들로 하여금 그들이 가지고 있는 빨대의 개수를 다시 세어보게 하였다).

양 선생님은 왜 우리가 10개씩 묶어서 수를 세어야 하는지에 대한 토론으로 수업을 이끌어나갔다. 세 번째 면담을 통해, 양 선생님은 이와 같은 토론을 수업 설계 때 고려하지 않았음에도 불구하고, 수업 중 학생들과 대화를 이어간 이유에 대해 다음과 같이 설명하였다.

> 수업을 설계할 때, 저는 학생들이 당연히 10묶음을 이용해서 빨대 수를 셀 것이라고 생각했습니다. 예를 들어, 빨대 12개를 셀 때 10개씩 한 묶음이고, 낱개가 2개 있어서 빨대의 개수가 총 12개라고 대답할 거라 예상했어요. 이렇게 대답하는 것이 본 수업에서 가장 중요한 부분이었는데, 십진기수법의 기초 개념에 해당하기 때문이지요. 그런데 수업 중에 학생들이 빨대의 개수를 세는 것을 살펴보니, 제가 10개씩 묶어 세는 것을 이미 보여주었음에도 불구하고 학생들이 빨대를 10개씩 묶어 세는 것이 아니라, 그냥 1부터 12까지 순서대로 세고 있는 것을 발견했어요. 저는 순간 학생들이 그렇게 세는 것이 더 당연하다는 생각이 들었어요. 학생들이 12

를 세면서 10개씩 한 묶음, 낱개 2개라고 세는 것보다 1부터 12까지 세는 것이 더 자연스러운 수 세기라는 것을 깨달았지요. 그래서 저는 학생들로 하여금 10개씩 묶는 것이 필요한 상황을 보여줬어요. 이러한 상황을 통해서 10진법의 기본 개념과 자릿값, 그리고 10개씩 묶는 것의 필요성을 깨닫기를 원했어요.

이와 같은 면담 자료의 분석 결과, 우리는 양 선생님이 진법과 자릿값을 심도 깊게 이해했다는 사실을 발견하였다. 십진법과 자릿값에 대한 기본 개념을 토대로, 양 선생님은 학생들에게 수 세기 활동을 하면서 자연스럽게 십진법의 기본 개념을 익히도록 보조한 것이다. 양 선생님이 빨대를 10개씩 묶어서 센 방법은 십진법의 기본 개념과 맞닿아 있다. 이러한 활동과 대화 후, 양 선생님은 칠판에 수를 자릿값에 맞춰서 쓰면서 각 자릿값에 적힌 숫자의 의미를 학생들에게 다시 설명해주었다. [그림 6.5]는 십진법과 자릿값에 대한 양 선생님의 내재적 수학 개념 지식을 보여준다.

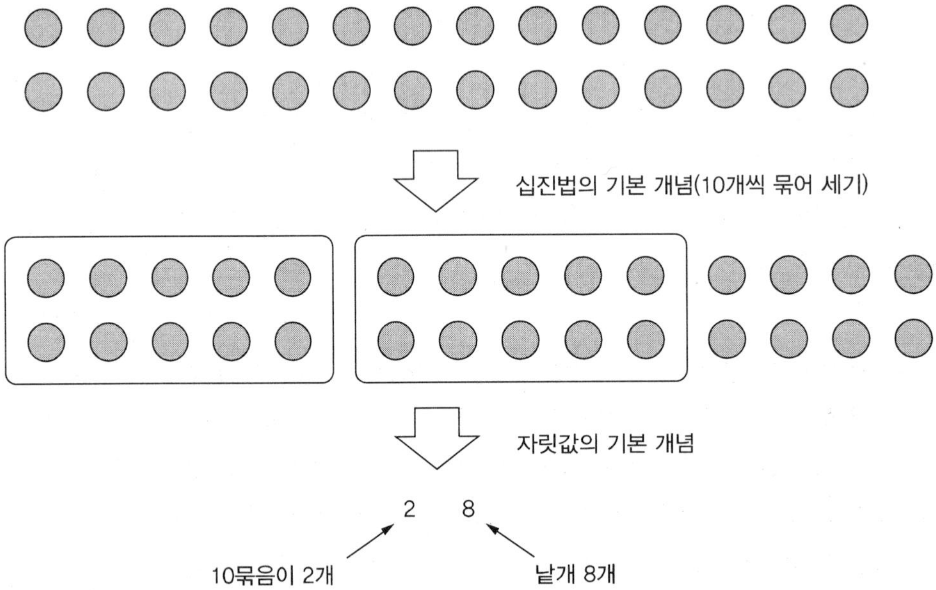

그림 6.5 십진법과 자릿값에 대한 양 선생님의 내재적 수학 개념 지식

우리는 교사들이 수학 수업 중 수학 개념을 학생들에게 사용할 때 외재적 수학 개념 지식을 사용한다는 발견하였다. 이 연구에 참여한 모든 교사들은 수업을 시작할 때 이전 수업 내용을 상기시키고, 수업을 마칠 때 다음 수업 내용을 예고하였다. 또한 교사들은 교과서에 제시된 다양한 수학적 개념들 사이의 연결성을 학생들이 이해할 수 있도록 노력하였다. 이러한 교사들의 노력은 그들의 외재적 수학 개념 지식의 한 예로서 이해할 수 있다. 또, 교사들은 국가 수준의 수학 교육과정에 따라 각 학년별로 제시된 수학 개념들 연결성에 대해서도 수업 시간에 지도하였다. 예를 들어, 윤 선생님은 센티미터, 밀리미터, 그리고 십진법에 대한 기본 개념들을 연결하여, 3학년 학생들에게 밀리미터의 개념을 지도하였다. 국가 수준의 수학 교육 교육과정[12)]에 따르면 센티미터 개념은 1학년 때, 밀리미터 개념은 3학년 때 배운다. 윤 선생님은 수업 중 3학년 학생들에게 교과서의 두께를 자로 측정하도록 지도하였다. 학생들은 교과서의 두께를 제대로 측정할 수 없었는데, 이는 윤 선생님이 학생들에게 센티미터만 표시된 자를 나누어 주었기 때문이었다. 다음 내용은 이러한 활동과 관련하여 윤 선생님과 학생들이 수업 중에 나눈 대화 중 일부분이다. 대화의 내용은 윤 선생님이 외재적 수학 개념 지식을 수업에 어떻게 활용하였는지를 보여준다.

윤 선생님 모두들 교과서의 두께를 정확히 측정하였나요?

학생들 아니요.

윤 선생님 왜 정확하게 측정할 수 없었는지 이야기해 볼까요? 태훈?

태훈 자에 센티미터만 표시되어 있었어요. 그런데 교과서의 두께는 정확히 몇 센티미터가 아니라 센티미터 사이에 있었어요. 2센티미터에 가깝기는 했지만, 정확히 2센티미터는 아니었어요.

윤 선생님 알았어요. 교과서의 두께를 정확하게 측정하려면 어떻게 해야 할까요? 나영?

12) 연구가 진행되었을 당시 2007 개정 교육과정이 적용되었다.

나영 센티미터보다 작은 눈금이 있는 자를 사용해야 해요.

윤 선생님 준호?

준호 (센티미터와 밀리미터가 표시되어 있는 자를 보여주며) 저는 선생님이 주신 자 말고 제 자로 측정할 수 있어요.

윤 선생님 네, 알겠어요. 그런데, 만약 우리 반 학생들이 선생님이 나눠 준 센티미터만 표시된 자밖에 없으면 어떻게 측정할 수 있을까요? 봉석?

봉석 센티미터 사이에 작은 눈금들을 그려 넣으면 될 것 같아요.

윤 선생님 좋은 아이디어네요. 그럼 센티미터보다 작은 눈금들을 선생님이 나누어준 자에 그려볼까요? 눈금은 몇 개나 그려야 할까요? 원재?

원재 저는 1센티미터와 2센티미터 사이에 9개의 눈금을 그려 10칸을 만들고 싶어요.

윤 선생님 왜 10칸이 필요하다고 생각했는지 말해볼래요?

원재 왜냐하면 1센티미터는 10밀리미터와 같잖아요.

윤 선생님 그럼, 사람들은 왜 1센티미터와 10밀리미터가 같다고 정했을까?

학생들 (침묵)

윤 선생님 그럼, 잠시 우리가 배웠던 것을 복습해보자. 20에서 어떤 수학적 의미가 있다고 했는지 기억나는 사람? 현미?

현미 10묶음이 2개라는 뜻이에요.

윤 선생님 맞아요. 사람들이 길이의 단위를 정할 때, 이렇게 수를 세는 방법을 고려했어요. 낱개가 10개가 되면 10묶음 하나, 즉 10이 되듯이, 1밀리미터가 10개면 10묶음 하나, 즉 1센티미터로 나타내기로 했지요. 그럼 수를 셀 때나 길이를 측정할 때나 똑같은 규칙이 적용되니까요. 1센티미터가 10밀리미터잖아요. 그럼 6센티미터는 몇 밀리미터와 같을까요?

학생들 60밀리미터에요.

윤 선생님 만약에 1센티미터가 12밀리미터라고 가정해봅시다. 그럼 6센티미터는 몇 밀리미터와 같을까요?

학생들 (몇 명은 공책에 계산을 하였다.) 72밀리미터요.

윤 선생님 어떤 것이 더 계산하기 쉬웠어요?

학생들 먼젓번 거요. 1센티미터가 10밀리미터면 0만 붙이면 되니까 더 쉬웠어요.

윤 선생님 맞아요. 그래서 사람들이 1센티미터를 10개의 같은 간격으로 나누고, 각 눈금을 1밀리미터라고 정한 거예요.
(학생들과 대화 후, 윤 선생님은 학생들에게 센티미터와 밀리미터가 모두 표시된 자를 나누어주고, 교과서의 두께를 다시 측정해보도록 하였다).

우리가 관찰한 수업은 밀리미터에 관한 것이었다. 그러나 윤 선생님과 학생들의 대화를 살펴보면, 윤 선생님의 외재적 수학개념 지식을 바탕으로 밀리미터와 센티미터의 관계, 또 측정단위와 십진법의 관계가 모두 수업에서 다루어졌음을 알 수 있었다. 세 번째 면담에서 윤 선생님은 수업 중에 왜 이렇게 다양한 개념들 사이의 관계를 다루었는지에 대해 다음과 같이 설명하였다.

> 오늘 수업은 밀리미터의 기본 개념을 가르치는 것이 주된 목표였습니다. 오늘 수업에 참여한 대부분의 학생들은 1센티미터가 10밀리미터와 같다는 것을 이미 학원에서 배웠어요. 그런데 학생들은 단순히 1센티미터가 10밀리미터라는 것을 외울 뿐, 왜 1센티미터가 10밀리미터라고 약속했는지에 대해서는 알지 못하는 것 같았어요. 저는 학생들로 하여금 십진법을 토대로 미터법이 생겨났음을 이해시키고 싶었어요. 센티미터와 밀리미터 사이에 숨어 있는 십진법의 규칙을 학생들이 깨닫기를 바랐어요. 그래서 저는 센티미터와 밀리미터, 그리고 십진법 사이의 관계를 학생들과 수업 중에 이야기한 것이에요.

위의 면담 내용에서 제시된 것처럼, 윤 선생님은 미터법과 십진법의 관계에 대한 외재적 수학 개념 지식을 사용하였다. 윤 선생님은 마터법과 십진법에 대한 이해 및 이를 밀리미터의 개념을 설명하는 데 있어서 어떻게 사용해야 하는가와 관련한 지식이 있었다. 외재적 수학 개념 지식을 바탕으로, 윤 선생님은 밀리미터의 기본 개념, 그리고 밀리미터와 센티미터의 관계를 이해할 수 있도록 학생들에게 적합한 활동과 토론을 수업 중에 제공하였다.

이 연구에 참여한 교사들은 내재적 수학 개념 지식과 외재적 수학 개념 지식을 모두 사용하여 수업 중 학생들의 수학적 오개념도 교정하였다. 모든 교사들의 사례를 모두 제시할 수는 없지만, 11명의 교사들 중 8명의 교사가 박 선생님처럼 학생들의 수학적 오류를 바로잡는 데 사용하였다. 박 선생님은 외재적 수학개념 지식과 내재적 수학 개념 지식을 모두 활용하여 원기둥에 대한 수업 시간 중 학생들의 수학적 오개념을 교정해주었다. 우리가 관찰한 수업 도중, 박 선생님은 학생들로 하여금 원기둥 모형을 만들도록 하였다. 학생들은 교과서에 제시된 원기둥의 전개도를 활용하여 원기둥을 만들었다. 그중 한 학생이 [그림 6.6]과 같이 적합하지 않은 원기둥 모형을 만들었다.

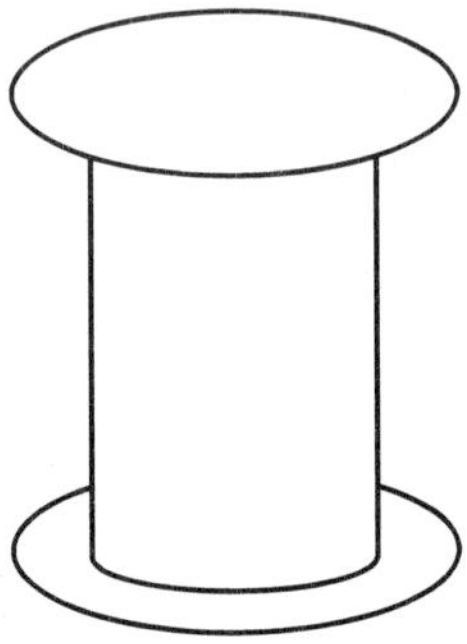

그림 6.6 학생이 만든 부적합한 원기둥 모형

박 선생님은 잘못된 원기둥 모형을 다른 학생들에게 보여주고 다음과 같이 학생들과 수학적 토론을 진행하였다. 다음 내용은 우리가 관찰한 수업 중 학생과 박 선생님의 대화를 발췌한 것으로 박 선생님이 기초 수학 개념 지식을 수업 시간에 활용하고 있음을 보여주고 있다.

박 선생님 여러분은 이 모형이 원기둥 형태라고 생각하나요?

학생들 아니요.

박 선생님 여러분이 아니라고 생각한다면 왜 그렇게 생각했는지 말해보겠어요? 장호?

장호 어…… 저기 보면 튀어나온 면이 있잖아요. 원기둥은 그렇게 튀어나온 면이 있으면 안 돼요.

박 선생님 잘했어요. 그러면 왜 튀어나온 부분이 있으면 안 될까요? 교과서에 나온 원기둥의 정의를 다시 한 번 읽어봅시다.

학생들 원기둥은 합동인 두 밑면을 가진 도형이다.

박 선생님 (그림 6.6과 같은 모형을 학생들에게 제시하며) 선생님 보기에는 이 모형도 합동인 두 밑면을 가진 것 같은데요. 그러면 원기둥이 아닐까요? 수진?

수진 하지만 그건 원기둥이 아니에요. 제 생각에는…… 이게 원기둥 아닌가요? (자신이 만든 원기둥 모형을 보여주며)

박 선생님 그렇군요. 그러면 원기둥의 정의에 조금 더 추가할 것이 있을까요? 진아?

진아 튀어나온 부분이 없어야 한다?

박 선생님 잘했어요. 현진?

현진 원기둥은 모서리가 2개 있다.

박 선생님 (그림 6.6과 같은 모형을 학생들에게 제시하며) 그럼 이 모형에는 몇 개의 모서리가 있지요?

학생들 4개……?

박 선생님 모서리가 무엇인가요? 보경?

보경 두 면이 만나는 곳에서 생기는 선이에요.

박 선생님 그럼 이 모형은 2개의 모서리가 있는 것 아닐까요? 여기 보면 2개의 면이 만나서 생기는 선은 옆면과 밑면이 만나는 여기 두 곳 뿐이잖아요. 수연?

수연 저도 튀어나온 부분에 있는 것은 모서리가 아니라 변이라고 생각해요. 밑면에 튀어나온 부분에 원 바깥쪽은 하나의 면만 닿아 있잖아요.

박 선생님 잘했어요. (원기둥에서 옆면과 밑면의 안쪽에 닿은 선을 가리키며) 그럼 이 선은 어떤가요? 2개의 면이 만났으니 모서리라고 할 수 있을까요?

학생들 네/아니요(학생들은 서로 다른 답을 중얼거렸다).

재혁 제 생각에는 모서리의 정의가 이상한 것 같아요. 모서리는 두 면이 만나는 곳이 아니라 두 변이 만나는 곳 아닐까요?

세 번째 면담에서, 박 선생님은 수업 시간 중 위와 같은 토론을 진행한 이유에 대해 다음과 같이 설명하였다.

> 대부분의 학생들은 원기둥의 정의에 대해 학원이나 과외를 통해 미리 배우고 오늘 수업에 참여했습니다. 그런데 수업을 보신 바와 같이 원기둥의 개념은 그렇게 간단한 것이 아니에요. 원기둥의 개념을 알기 위해서는 상위 학년에서 배우게 되는 '닫혀 있다'라는 개념도 알아야 해요. 어쨌든, 오늘 수업 시간에 토론을 통해 학생들이 원기둥과 관련한 다양한 수학적 개념에 대해 명확하게 이해하길 바랐어요. 그래서 오늘 수업시간에 잘못된 원기둥 모형을 일부러 골라서 학생들에게 보여준 것이에요. 저는 학생들에게 정답만 알려주고 원기둥의 정의를 그냥 암기하게 할 수도 있었어요. 하지만, 오늘 수업에서 한 토론이 원기둥에 대한 수학적 개념을 이해하는 데 훨씬 더 도움이 될 것이라 믿었어요. 물론 이미 수학적 개념들을 알고 있던 학생들도 자신이 알고 있는 내용을 설명하면서 지식을 더 튼튼히 할 수 있는 기회가 되었을 거라 생각하구요.

이 연구의 자료 분석 결과, 우리는 교사들의 기초 수학 개념 지식이 수학 개념의 발생학적 원리를 포함할 수도 있다는 것을 발견하였다. 예를 들어, 양 선생님은 단순히 수를 세는 것을 연습시키기보다는 왜 10씩 묶어서 세야 하는지를 설명하며 십진법의 수학적 발달 원리를 수업 시간에 포함시켰다. 숫자 체계는 기본적으로 큰 수를 효율적으로 나타내기 위해 발달하였다(Rudman, 2007). 우리가 관찰한 수업 도중, 양 선생님은 묶어세기의 개념이 필요한 상황을 만들어내었으며, 이러한 상황에 대한 토론을 통해 학생들은 십진법의 기본 개념을 이해할 수 있었다. 윤 선생님 또한 학생들에게 단순히 1센티미터는 1밀리미터와 같다는 것을 알려주기보다는 십진법의 원리를 이용하여 미터법이 도입된 배경을 학생들이 이해할 수 있는 기회를 주었다. 미터법은 십진법 체계를 이용하여 만들어진 길이 측정 체계이다(Sarton, 1935). 윤 선생님은 학생들로 하여금 1센티미터가 10밀리미터와 같다는 것을 단순히 암기하도록 하기보다는 여러 가지 질문을 통해 학생들이 왜 1센티미터가 10밀리미터로 같은지 이해하도록 도와주었다. 이때, 윤 선생님의 수학 개념에 대한 지식은 수학 개념이 어떻게 발전되어왔는지, 그리고 이러한 수학 개념의 발달 역사를 수학 수업에 어떻게 응용할 수 있는지에 대한 부분을 포함하였다. 따라서 앞서 논의된 것처럼 수학개념과 그것의 기원 및 발전 과정에 대한 추가적인 조사가 필요한 것으로 나타났다.

6.3.3 학생의 학습 결과물 평가 시 기초 수학 개념 지식 활용

이 연구의 교사들은 학생들의 수학 수업 결과물을 평가할 때 그들의 기초 수학 개념 지식을 활용하였다. 두 번째 면담에서 교사들은 [그림 6.7]과 같이 큰 수의 곱셈 문제에 대한 4학년 학생들의 해결과정을 평가하도록 요구받았다.

$$\begin{array}{r} 123 \\ \times 645 \\ \hline 615 \\ 492 \\ 738 \\ \hline 1845 \end{array}$$

그림 6.7 교사들이 분석한 학생들의 문제 해결 과정 사례

이 선생님은 [그림 6.7]과 같이 곱셈 문제를 해결한 학생의 수학적 상태를 다음과 같이 진단하였다.

이 선생님 글쎄요. 이 학생은 사칙연산의 기본 원리뿐 아니라 자릿값의 기본 개념을 모르는 것처럼 보이는군요. 저라면 우선 십진막대를 가지고 이 학생이 자릿값을 이해하도록 도와줄 것 같아요. 각 숫자가 가지고 있는 정보를 이해하지 못하는 것처럼 보이거든요. 그리고 학생한테 계산과정에 있어 수를 어느 위치에 적어야 하는지를 알려주겠어요. 아마 여기서도 십진막대를 사용해야 할 것 같네요. 이 학생은 문제를 푸는 과정에서 뒤에 왜 빈칸을 두는지 이해해야 할 것 같아요. 또 곱셈의 풀이 과정과 풀이 과정 중 0이 생략될 수 있다는 것을 알려주어야 할 것 같아요. 그리고 유사한 문제를 풀게 해서 학생이 이 과정을 정확하게 이해하였는지를 확인해야겠지요.

연구자 이 학생은 곱셈 문제를 풀었는데요. 왜 자릿값의 이해를 다시 배워야 하지요?

이 선생님 사실, 이 학생의 문제 풀이 과정을 살펴보면 곱셈의 연산과 관련해서는 아무 문제가 없어요. 아마도 이 학생은 곱셈방법을 이해 없이 그냥 외우고 있는 것 같군요. 그래서 이 문제를 이처럼 푼 것 같아요. 하지만 곱셈의 답을 적어가는 과정에서 답을 정확한 위치에 적지 못하고 있는 것을 볼 수 있어요. 이것은 이 학생이 자릿값에 대한 개념 이해가 부족하다는 것을 보여주지요.

수학적 개념들은 서로 연결되어 있어요. 만일 학생이 하나의 개념을 잘 이해하지 못한다면, 이는 후속 학습에 영향을 줄 수 있어요.

연구자 만일 이 학생이 선생님 반의 학생이라면 평가를 바탕으로 어떻게 지도하시겠어요?

이 선생님 우선 십진막대와 같은 여러 가지 수학교구를 활용해서 이 학생이 자릿값에 대해 어떻게 이해하고 있는지를 확인해봐야겠지요. 물론 곱셈에 관한 개념 이해도 다시 한 번 확인해보아야 하구요. 아까 이야기한 대로, 이 학생은 이해보다는 단순히 곱셈 구구표를 외어서 문제를 풀었을 확률이 높아요. 상태를 모두 확인한 후에 적합한 피드백을 주어야겠지요.

면담을 통해서, 이 선생님은 스스로의 기초 수학 개념 지식을 바탕으로 단순히 문제 푸는 과정에 대한 확인보다는 문제 풀이 과정 속에 나타나는 학생의 곱셈과 관련한 수학 개념들의 이해에 집중하였다. 조 선생님 역시 학생의 문제풀이 과정을 살펴보고 이 선생님과 비슷한 응답을 다음과 같이 하였다.

조 선생님 이 학생은 자릿값에 대한 기본 개념을 이해하지 못한 것 같군요. 또 큰 수의 곱셈원리 역시 이해하지 못하고 있어요. 이 학생은 654를 '600+50+4'로 나타낼 수 있음을 먼저 이해해야 할 것 같아요. 그 다음에 계산 과정 중 0을 쓰지 않을 수도 있다는 것을 배워야 할 것 같아요.

연구자 이 학생은 곱셈 문제를 틀린 방법으로 풀었는데요, 왜 자릿값에 대해 배워야 한다고 말씀하지는 거지요?

조 선생님 그게…… 자릿값은 곱셈을 이해하기 위한 기초를 제공하기 때문이지요. 만일 교사가 학생의 현재 상태만 보고 진단한다면, 학생들의 수학적 상태를 올바로 파악할 수 없어요. 예를 들면, 제가 간단하게 이 학생에게 곱셈 과정 중에 0을 생략할 수 있다고만 알려주면, 앞으로 나눗셈을 배울 때에도 이 학생은 또 어려움을 겪을 확률이 높아요. 교사들은 새로운 수학 문제를 해결할 때 학생들이 스스로 이해한 개념을 적용하도록 돕는 역할을 해야지, 단순히 푸는 기술만 가르쳐서는 안 됩니다. 수학적 이해 없이 문제 풀이방법만 지도한다면 학생들은 결국 수학을 잘 못하게 돼요.

연구자 학생들의 활동 내용을 평가할 때 연관된 수학 개념의 이해까지 다 고려하신다는 거군요.

조 선생님 당연하지요. 특히 문제를 푸는 과정을 지도할 때에는 문제 풀이 과정 자체보다는 관련된 개념들을 잘 이해하고 적용하고 있는지를 더 중점적으로 본답니다.

조 선생님은 기초 수학 개념 지식을 토대로 학생의 문제 해결 과정을 이해하였는데 특히 학생의 곱셈 풀이 과정을 분석하기 위해 덧셈과 자릿값의 개념을 연결하여 학생의 과업을 분석하였다. 이 선생님과 조 선생님 외 9명의 교사 역시 비슷하게 응답하였다. 이러한 분석을 토대로 기초 수학 개념은 교사가 학생들의 수학적 능력과 배경을 진단하고, 이를 토대로 학생 지도 계획을 설계하는 데 영향을 준다는 것을 알 수 있었다. 특히, 이 연구에 참여한 교사들은 학생들이 정답을 썼는가를 확인하기보다는 학생들의 문제풀이 과정 속에 어떤 개념들의 이해가 부족한가에 더 집중하였다.

6.4 해석적 요약

이 연구에서는 교사의 수학 개념에 대한 지식과 수학 수업에 있어 이러한 개념들을 나타내는 방법에 대한 이해를 기초 수학 개념 지식이라 지칭하였다. 수학적 개념은 감각적 경험으로부터 도출되는 정신적 표상과 이 표상들 사이의 관계로 구성된다는 스켐프(Skemp, 1989)의 주장을 바탕으로, 이 연구에서는 기초 수학 개념을 내재적 수학개념 지식과 외재적 수학개념 지식의 두 가지의 하위 범주로 구분하였다.

다양한 자료를 토대로 수업의 여러 단계에 있어 기초 수학 개념 지식의 사용을 분석한 결과, 우리는 기초 수학 개념 지식이 한국 초등학교 교사들의 수학 교수를 위한 가장 기본적인 지식의 한 범주라는 것을 확인할 수 있었다. 특히, 교사들은 수학개념 자체에 대한 이해와 연관된 수학 개념들 사이의 관계에 대한 지식을 바탕으로 수업을 설계하고, 수업에 중요한 시사점을 도출해냈다. 또한 교사들이 수업 중 학생들과 수학적 토론을 진행할 때에도 기초 수학 개념을 사용하였으며, 학생의 수학적 상태와 배경을 진단하고, 적합한 피드백을 제공하기 위한 활동을 계획하는 데에도 기초 수학 개념 지식을 사용하는 것을 알 수 있었다.

볼, 템스, 펠프스(Ball, Themes & Phelps, 2008)는 교사의 수학 내용에 대한 지식은 수학 자체에 대한 지식과는 차이가 있다고 주장하였다. 교사의 수학 내용에 대한 지식은 수학 자체 내용뿐 아니라 학생들의 수학 개념에 대한 이해를 돕기 위해 내용을 변형시키는 방법에 대한 지식도 포함해야 한다(Ball, et al., 2008). 이 연구의 분석 결과 한국 초등학교 교사들은 수학 개념을 심도 깊게 이해할 뿐만 아니라 학생들의 수학적 수준에 맞게 수학 개념을 다양하게 변화시킬 수 있는 방법을 이해한다는 점을 알 수 있었다. 마(Ma, 2010)는 교사의 수학 개념에 대한 깊은 지식과 학생이 이해할 수 있는 형태로 개념을 변형하는 지식과의 연관성에 대해 강조하였으며, 이러한 연관성은 이 연구에서도 교사 지식의 중요한 형태로 드러났다.

이 장에서 제시된 연구의 결론들은 초등학교 교사들이 학생들에게 수학적 개념을 이해할 수 있도록 돕는 다양한 방법들을 알아야 한다는 선행연구의 주장들과 맥을 같이 한다. 그러나 기존의 연구들은 이 연구에서 외재적 수학 개념 지식으로 명명된 수학적 개념들 사이의 관계에 대한 교사의 이해만 강조하는 경향이 있었다. 예를 들어, 마(2010)는 교사들이 수학적 주제들 사이의 관계망을 일컫는 "기초 수학에 대한 기본적 지식(profound understanding of fundamental mathematics, p. 107)"이 있어야 한다고 주장하였다. 마(Ma, 1999)에 따르면, 기초 수학에 대한 기본적 지식이 있는 교사들은 연관된 수학 개념들에 대한 이해를 토대로 학생들에게 수학적 아이디어와 개념을 더 효율적으로 설명할 수 있다. 예를 들어, 교사들이 받아내림이 있는 뺄셈을 지도하기 위해서는 자릿값에 대한 개념을 정확히 알고 있어야 한다. 킬패트릭, 스와포드, 핀델

(Kilpatrick, Swafford & Findell, 2001) 역시 초등학교 교사들은 추상적인 수학 개념에 대한 자신의 이해를 토대로 학생들이 수학적 개념 사이의 관계를 이해할 수 있도록 도와야 한다고 주장하였다. 이 장의 연구결과도 이와 흐름을 같이한다. 다만, 이 연구의 차이점은 외재적 수학 개념 지식뿐만 아니라 내재적 수학 개념 지식 역시 학생들이 수학적 개념을 이해할 수 있도록 교사가 관련된 수학적 경험을 제공하는 데 있어 중요한 역할을 한다는 점이다. 따라서 교사는 수학 개념들 사이의 관계뿐 아니라 개념 자체에 대한 이해와, 이와 연결된 직관적 경험들에 대한 지식이 있어야 할 것이다.

제4장에서부터 제6장에 이르기까지, 우리는 한국 초등학교 교사의 수학 교수를 위한 지식의 하위 범주들, 즉 수학 교육과정 지식, 수학 학습자 지식, 기초 수학 개념 지식을 살펴보았다. 이러한 교사 지식의 세 하위범주들은 교사가 수업을 진행하는 데 있어 가장 기본적이고 필수적인 지식의 종류들이었다. 다음 장에서는 이 세 범주의 관계에 대한 논의를 바탕으로 아직 논의되지 않은 마지막 두 지식의 하위 범주들에 대해 이야기하고자 한다.

참고문헌

An. S., Kulm. G., & Wu. Z. (2004). The pedagogical content knowledge of middle school mathematics teachers in China and the U.S. *Journal of mathematics teacher education, 7*, 145-172.

Ball, D. L., Thames, M. H., & Phelps, G. (2008). Content knowledge for teaching: What makes it special? *Journal of Teacher Education, 59*, 389-407.

Fennema, E., & Frank, M. (1992). Teachers' knowledge and its impact. In D.A. Grouws (Ed.), *Handbook of research on mathematics teaching and learning* (pp. 147-164). New York, NY: Macmillan Publishing.

Hill, H. C., Schilling, S. G., & Ball, D. L (2004). Developing measures of teachers' mathematics knowledge for teaching. *Elementary School Journal, 105*, 11-30.

Kilpatrick, J., Swafford, J., & Findell, B. (Eds.). (2001). Adding it up: *Helping children learn mathematics.* Washington, DC: National Academy Press.

Ma, L. (1999). *Knowing and teaching elementary mathematics*, Mahwah, NJ: Lawrence Erlbaum Associates.

Ma, L. (2010). *Knowing and teaching elementary mathematics: Teachers' understanding of fundamental mathematics in china and the United States.* New York, NY: Routledge.

Margolis, E., & Laurence, S. (1999). *Concepts: Core readings.* Cambridge, MA: MIT Press.

Rudman, P. (2007). How mathematics happened: The first 50,000. *Choice Reviews Online. 45*(5), pp. 45-2662-45-2662.

Sarton, G. (1935). The first explanation of decimal fractions and measures (1585): Together with a history of the decimal idea and a facsimile (No. XVII) of Stevin's Disme. *Isis, 23*, 153-244.

Shulman, L. (1987). Knowledge and teaching: Foundations of the new reform. *Harvard Educational Review, 57*, 1-22.

Skemp, R. R. (1989). *Mathematics in the primary school.* London, England: Routledge.

Wilson, S., Shulman, L., & Richert, A. (1987). 150 different ways of knowing: Representations of knowledge in teaching. In J. Calderhead (Ed.), *Exploring teachers' thinking* (pp. 104-123). Eastbourne, England: Cassell.

제 7 장

수학 교수를 위한 교사 지식의 범주 IV, V
수학 교수학적 내용 지식과
수학 교수학적 절차 지식

이 장에서는 수학 교육과정 지식, 수학 학습자 지식, 그리고 기초 수학 개념 지식의 혼합된 형태를 지칭하는 수학 교수학적 내용 지식에 대해 논의하고자 한다. 특히 우리는 자료의 분석을 통해 수학 교수학적 내용 지식이 수학 교육과정 지식, 수학 학습자 지식, 그리고 기초 수학 개념 지식의 교차점에 위치한다는 사실을 밝혀내었다. 이때 수학 교수학적 절차 지식은 여러 지식을 혼합하여 수학 교수학적 내용 지식을 도출해내기 위한 방법적 지식을 지칭한다. 이 연구의 지도안 분석 과정에서, 우리는 수학 교수학적 내용 지식을 이끌어내는 수학 교수학적 절차 지식과 관련한 다층 모델과 수학 교수학적 내용 지식이 어떻게 수업의 설계와 진행에 영향을 미치는지를 발견하였다.

7.1 도입

앞에서 우리는 한국 초등학교 교사의 수학 교수를 위한 세 가지 하위 지식 범주, 즉 수학 교육과정 지식, 수학 학습자 지식, 기초 수학 개념 지식에 대해 살펴보았다. 자료 분석의 결과 이러한 지식의 범주들은 교사의 수학 수업의 여러 측면에 영향을 미치는 것으로 조사되었다. 그러나 이 세 가지 지식의 범주 상호 간의 관계와 교수학적 내용 지식의 역할에 대해서는 아직 의문점들이 남아 있다.

우선, 우리는 세 가지 지식의 범주들 사이에 명확한 경계선이 존재하는가에 대한 의구심이 들었다. 자료 분석 결과, 우리는 교사들이 학생의 수학적 배경에 대해 분석할 때 수학 교육과정 지식과 수학 학습자 지식을 동시에 사용한다는 것을 발견하였다. 또 교사들은 국가 수준의 교육과정을 토대로 수업 시간에 지도할 수학 개념의 범위를 고려할 때 기초 수학 개념 지식도 활용하였다. 즉, 하나의 지식의 범주만을 독립적으로 활용하기보다는 다른 지식과 함께 사용하여 수학 수업을 설계, 진행하고 있음을 알 수 있었다.

둘째, 우리는 교수학적 내용 지식과 다른 지식의 범주들 사이의 차이점은 무엇인가에 주목하였다. 슐만(1987)은 교수학적 내용 지식이 교사의 전문적인 이해의 특별한 형태로, 내용과 교육학 사이에 혼합제 역할을 한다고 주장하였다. 이러한 주장을 바탕으로 그동안 학계에서는 교사가 가르칠 내용에 대해 아는 것과 가르치는 방법에 대해 아는 것 사이에는 특별한 차이가 있다고 여겼다. 그러나 제4장에서부터 제7장까지 제시된 이 연구의 분석결과 교사들은 교수학적 내용 지식뿐만 아니라 수업을 설계하고 진행할 때 수학 교육과정 지식, 수학 학습자 지식, 기초 수학 개념 지식 역시 사용한다는 사실이 밝혀졌다. 그렇다면 이 세 가지 지식의 하위 범주를 교수학적 내용 지식이라 지칭해야 하는 것인가?

이 장에서 우리는 수학 교수를 위한 교사의 지식의 하위 범주 중 네 번째와 다섯 번째 영역인 수학 교수학적 내용 지식과 수학 교수학적 절차 지식에 대해 이야기하고자 한다. 제4~6장과 달리, 이 장에서는 두 가지 지식의 하위 범주에 대해 논의하는데, 이는 두 가지 지식의 범주들이 서로 밀접한 관계를 가지기 때문이다. 또 이 장의 구조는 앞 장들의 구조와는 차이가 있는데, 이는 앞서 논의된 세 가지 지식의 범주들과 달리 수학 교수학적 내용 지식과 수학 교수학적 절차 지식은 지도안, 수업 관찰, 면담 등의 자료 분석 결과 도출된 지식의 범주들이 아니라, 수학 교육과정 지식, 수학 학습자 지식, 기초 수학 개념 지식들 사이의 관계성에서 도출된 지식의 영역이기 때문이다. 최종적으로 이 장에서는 연구에서 밝힌 지식의 실체들을 토대로 한국 초등학교 교사의 수학 교수를 위한 지식의 구조 모델을 제시할 것이다.

7.2 수학 교수를 위한 지식의 본질

현재까지 수학 교수를 위한 교수 지식에 관한 연구들은 교사 지식의 역동적인 측면을 설명하기에 부족함이 있었다(Marks, 1990; Eisenhart, Borko, Underhill, Brown, Jones & Agard, 1993). 또 교사 지식의 하위 범주들 사이의 관계 역시 단순히 포함관계로 설명하거나(예: Shulman, 1987), 서로 다른 지식의 범주들이 연결되는 과정에 대해 단순히 '합쳐진다(combines)(Ball, Thames & Phelps, 2008, p. 401)'라고 표현하는 등 교사 지식을 너무 단순화하여 바라보는 시각이 있었다. 따라서 이 연구에서 우리는 수학 교수를 위한 교사 지식의 하위 범주들 사이의 관계를 명확히 이해하기 위해 각 지식 범주들의 본질은 무엇인가에 중점을 두고 자료를 분석하였다. 수학 교수를 위한 교사 지식이 어떻게 구성되는가를 이해하기 위해서 각 지식의 하위 범주들 사이의 관계를 이해하는 것은 필수적이었다.

제1장에 제시된 개념적 틀을 바탕으로 우리는 히버트와 카펜터(Hiebert & Carpenter, 1992)의 아이디어, 사실 절차와 같은 내적 표상들은 유용성을 기반으로 연결된다는 지식에 대한 가정을 활용하여 이 연구를 설계하고 자료를 분석하였다. 제4~6장에서 우리는 국가 수준의 수학 교육과정에 제시된 수학 개념의 순서와 교사들의 수학 수업 시간에 활용하는 수학 개념의 범위의 연결성을 살펴보았다. 제5장에서는 교사들이 국가 수준의 수학 교육과정에서 제시된 수업의 목표와 학생들의 특성에 관한 자신의 지식을 어떻게 연결시키는지를 확인할 수 있었다. 따라서 우리는 한국 초등학교 교사들의 수학 교수를 위한 지식의 세 하위 범주들이 연결성이 있다는 결론에 도달할 수 있었다. 특히, 지식이 거미줄처럼 연결된 삼차원의 형상이라는 가정에 주목하였다(예: Hiebert & Carpenter, 1992). 이 연구의 분석 결과와 지식 구조에 대한 가정을 토대로 우리는 교사 지식의 모델을 [그림 7.1]과 같이 설정하였다. 그러나 이 모델은 일반적 형태를 도식화했을 뿐, 교사 개개인의 지식의 구조는 서로 다를 수 있다. 또한 [그림 7.1]에서 지식의 구조를 형상화하였으나, 지면상의 부족으로 지식의 일부분만을 나타내었음을 밝히는 바이다. 이 모델은 모든 방향으로 더 넓게 확장될 수 있다.

[그림 7.1]에서, 원으로 표시되어 있는 교점은 중요한 정보이며, 교점 사이의 선들은 정보들 사이의 관계성을 나타낸다. 중요한 정보는 지식의 범주에 따라 다르게 정의될 수 있다. 예를 들어, 교육과정 지식에 있어 중요한 정보는 초등학교 교사가 국가 수준의 교육과정에 따라 수업 시간에 가르쳐야 할 수학 수업 주제를 나타낸다. 반면, 수학 학습자 지식에 있어서 중요한 정보는 학생들의 지식, 기능, 태도와 같은 학생들의 주요한 특징들을 나타낸다. 기초 수학 개념 지식에 있어서 중요한 정보는 수학적 개념을 의미한다.

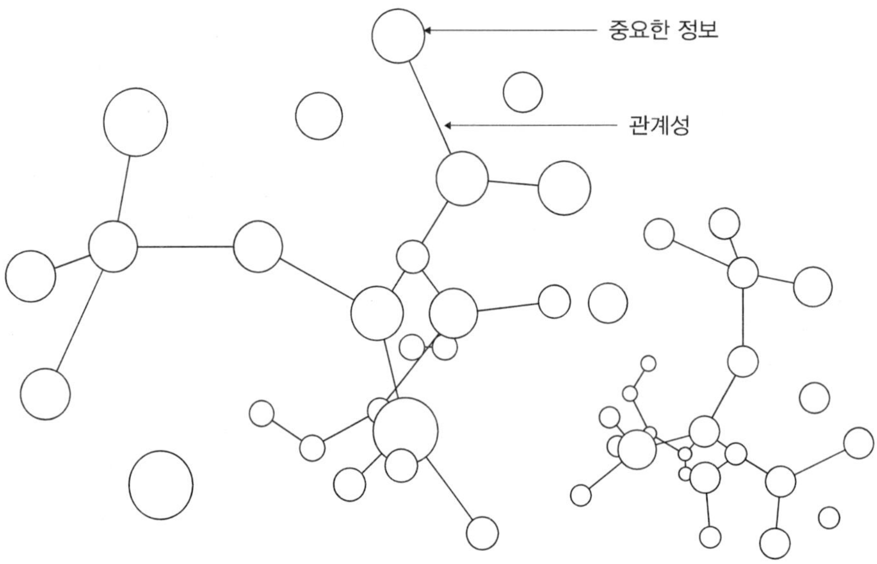

그림 7.1 지식의 구조

이 그림에 주목해야 할 점은 어떠한 교점은 다른 교점들과 구조적으로 연결되는 반면, 어떤 교점은 독립적으로 존재한다는 점이다. 다른 교점들과 연결되지 않은 교점은, 교사가 다른 정보들과의 연관성을 알지 못한다는 의미이다. 제4장부터 제6장까지 제시된 이 연구의 분석 결과들은 교사 지식을 구성하는 중요한 정보들이 다른 정보들과 유기적으로 연결된다는 것을 보여주지만, 다음 교사들과의 면담 내용은 정보들이 서로 연결되지 않은 형태로 존재할 수 있다는 것을 보여준다. 이 선생님은 초임교사일 때 수학 내용을 어떻게 인지하였는지에 대해 다음과 같이 진술하였다.

> 제가 초임교사였을 때는 교사용 지도서에 나온 대로 수학을 가르쳤습니다. 저는 그때 제가 각각의 수업에서 무엇을 가르쳐야 하는지 정확하게 알고 있다고 생각했어요. 그런데 지금 생각해보면 그때 수학 주제들 사이의 관련성은 생각하지 않았던 것 같아요. 몇 년이 지난 지금 돌이켜보니, 교과서 한 단원 안에 있는 각 수업 내용의 관계성도 알지 못하고 가르쳤던 것 같아요. 지금은 주제들 사이의 관계를 잘 알고, 또 이를 수학 수업에 활용할 수 있어야 더 수학을 잘 가르칠 수 있다는 것을

깨달았지요. 학생들이 이미 배운 내용 중 수학 수업 내용과 관련된 내용에 대해 수업 중 복습하고, 어떤 관계성이 있는지 설명해주고, 또 앞으로 이와 관련해 어떤 내용을 배우게 될지에 대해 알려주는 것이 중요하다는 것을 알게 되었어요.

이 선생님은 과거에 수학 수업 주제들 사이의 관계성에 대해 알지 못했으므로 지식이 유기적으로 연결되지 못했던 점에 대해 진술하였다. 다른 10명의 교사들 역시 교직 경력이 증가할수록 수학 수업 관련 지식들을 유기적으로 연결할 수 있었다고 진술하였다. 이러한 진술들의 분석 결과, 우리는 수학 교수를 위한 교사의 지식 구조가 복잡하며 교사의 교직 경력이 각 지식 범주의 정보들이 유의미하게 연결되는 데 일정한 역할을 한다는 것을 알 수 있었다. 물론 교사 지식의 정보들이 어떻게 연결되는가와 관련해서는 후속 연구가 더 진행되어야겠지만, 우리는 지식의 중요 정보들과 그 연결성의 존재에 대해 이 연구에서 확인할 수 있었다. 따라서 다음 절에서 이야기될 지식의 범주들 간의 관계성은 이러한 지식의 구조에 대한 논의를 바탕으로 이해되어야 할 것이다.

7.3 수학 교수를 위한 교사 지식의 하위 범주들 사이의 관계

이 연구의 분석 결과 우리는 연구에 참여한 교사들에게 심도 깊은 수학 교육과정 지식, 수학 학습자 지식, 그리고 기초 수학 개념 지식이 있다는 사실을 알게 되었다. 또 교사들이 자신이 가진 하위 지식 범주 전체보다는 각 범주들의 일부분만을 사용하여 수업을 진행한다는 것을 알게 되었다. 예를 들어, 김 선생님이 기초 수학 개념 지식을 바탕으로 직육면체의 겨냥도를 5학년 학생들에게 지도할 때, 김 선생님은 직육면체와 관련한 모든 수학 개념을 수업 시간에 적용하지는 않았다. 즉, 직육면체의 겨냥도와 관련해 다양한 수학적 개념들에 대한 지식이 있었으나, 그중 일부분만을 선택적으로 수업에 활용하였다. 세 번째 면담을 통해, 김 선생님은 지식의 선택적 활용에 대해 다음과 같이 설명하였다.

> 직육면체의 겨냥도과 관련한 개념을 이해하기 위해서 평면도형과 입체도형에 대하여 이해해야 합니다. 이와 관련하여 도형에 대해 이해하기 위해서는, 변, 각, 면, 모서리 등과 같은 도형의 구성 요소들에 대한 개념이 있어야 하지요. 계속해서 이어나가보면, 모서리를 이해하기 위해서는 연속량에 대한 개념이 있어야겠지요. 수학 개념들의 관계는 마치 거미줄처럼 너무나 복잡하게 얽혀 있습니다. 하지만, 만일 제가 이렇게 연관된 모든 개념을 다 수업시간에 다루면 학생들에게는 어떤 수학적 의미도 없을 것입니다. 학생들은 수업 시간 중에 그동안 배운 것을 모두 복습하기보다는 새로운 개념 학습에 집중해야 하니까요. 그래서 오늘 직육면체의 겨냥도와 관련하여 꼭 다루어야 할 주요 개념들을 선정하였습니다. 직육면체의 겨냥도와 관련해 학생들이 배운 여러 수학 개념 중 평행선의 개념에 집중하였지요. 왜냐하면 직육면체의 겨냥도를 이해하기 위해서 평행선의 개념을 아는 것이 가장 중요하다고 생각했기 때문이에요.

김 선생님은 면담 중 직육면체의 겨냥도라는 수업 주제와 관련한 다양한 수학 개념들을 제시하였다(예: 각, 사각형, 입체도형의 구성요소 등). 이러한 여러 개념 중에 김 선생님은 자신의 기초 수학 개념 지식과 학생들의 수학적 배경에 대한 이해를 토대로 평행선의 개념을 수업시간에 다루기로 결정하였다.

교사가 지식의 범주 중 일부분만을 사용하는 사례는 교육과정 지식의 활용에서도 찾을 수 있었다. 앞서 논의된 것처럼, 국가 수준의 수학 교육과정에서는 각 학년별로 학생들이 학습해야 할 수학 주제들을 제시한다. 이 연구에서 교사들은 국가 수준에서 제시된 교육과정의 주제들 사이의 관계 중 일부분을 그들의 지도안에 '학습의 흐름'이라는 이름으로 제시하였다. [그림 7.2]는 김 선생님의 수업 지도안 중 '학습의 흐름'을 발췌한 것이다.

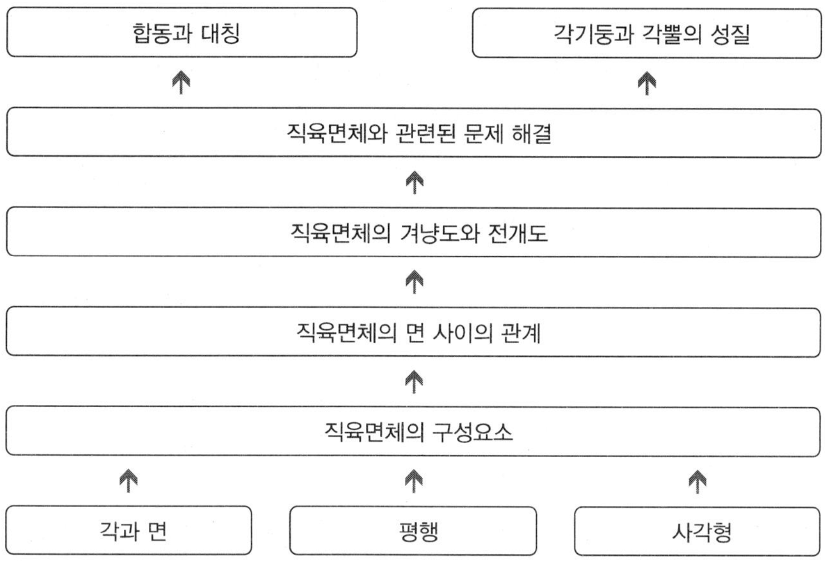

그림 7.2 김 선생님의 수업 지도안 중 학습의 흐름

[그림 7.2]에 제시된 것처럼, 국가 수준의 수학 교육과정에서 제시된 다양한 수학 주제들 중, 김 선생님은 수학 교육과정 지식을 토대로 주제들의 일부분의 관계를 지도안에 제시하였다.

이와 유사하게 교사들이 수학 학습자 지식을 토대로 학생들의 수학적 배경을 분석할 때에도, 학생의 여러 특성에 대한 지식 중 일부분만을 사용하였다. 예를 들어, [표 7.1]에 제시된 것처럼 김 선생님은 학생들의 여러 특성 중 평행선의 개념에 대한 이해를 중점적으로 살펴보았다.

표 7.1 김 선생님의 학생에 대한 지식

분석 결과	학생 수	백분율(%)
학생들은 평행선의 개념을 잘 알지 못하고, 이를 그릴 수 없다.	8	19.1%
학생들은 평행선의 개념을 알지만, 이를 그리지는 못한다.	27	64.3%
학생들은 평행선의 개념을 잘 알고, 이를 잘 그릴 수 있다.	7	16.6%

김 선생님의 사례와 유사하게, 이 연구에 참여한 다른 10명의 교사들 역시 각 지식의 범주 중 일부분만을 선택적으로 사용하는 것을 확인할 수 있었다. 즉, 교사들은 국가 수준의 수학 교육과정에 제시된 수학 주제와 연관된 수학 개념, 학생들에 대한 그들의 지식 중 일부분만을 활용하여 수업을 설계하고 있었다. 교사들의 선택적 지식 활용을 도식화하면 [그림 7.3]과 같다.

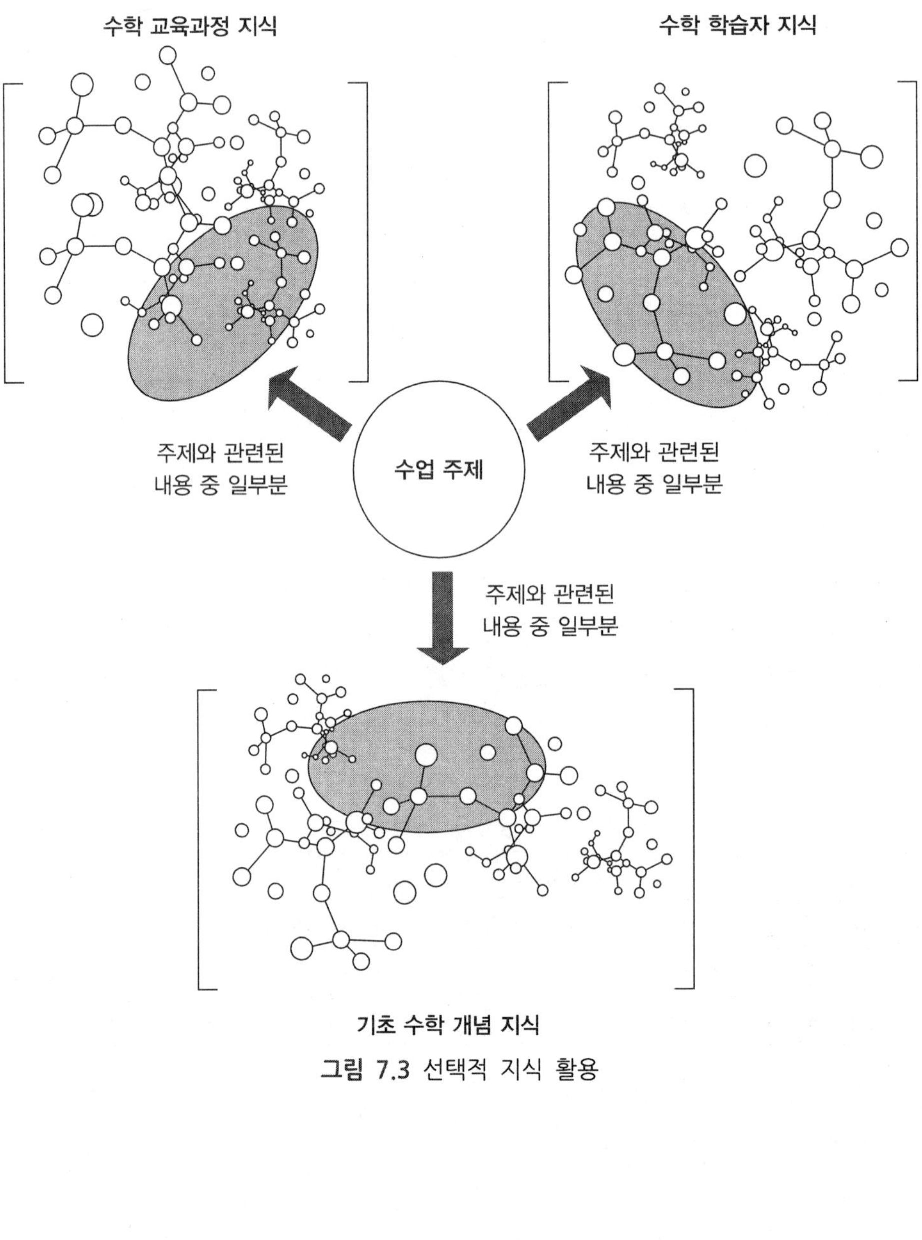

그림 7.3 선택적 지식 활용

그러나 이러한 사실이 수학 교수를 위한 지식의 각 하위 범주가 서로 독립적으로 존재한다는 것을 의미하지는 않는다. 이는 교사들이 지식의 범주의 일부분을 선택적으로 활용할 때, 다른 지식의 범주들과의 관련성을 고려한다는 데 알 수 있었다. 예를 들어, 김 선생님은 수학 수업을 위해 지식의 범주의 일정 부분을 선택적으로 활용할 때 어떤 방법으로 선정하는지에 대해 다음과 같이 이야기하였다.

> 오늘 수업과 관련된 다양한 수학 개념들 중, 저는 수학 교육과정의 학습순서와 우리 반 학생들의 특성을 토대로 수업 시간에 다루어야 할 연관 개념들을 선정하였습니다. 오늘 직육면체의 겨냥도에 대한 수업을 하면서 각, 사각형, 입체도형의 구성요소와 같은 다양한 연관 개념들 중 평행선에 대한 개념을 다루었습니다. 이전에 도형에 대해 다른 수업을 할 때, 학생들이 평면도형의 구성요소나 다른 관련 개념들에 대해 충분히 안다고 판단했습니다. 그래서 학생들이 이미 잘 아는 개념에 대해 오늘 다시 복습할 필요는 없다고 생각했어요. 한편, 교육과정 분석을 통해 학생들이 이전 학년에서 평행선의 개념을 배웠어야 한다는 것을 알 수 있었지요. 오늘 수업할 내용을 가르치기 위해서는 학생들이 이전에 무엇을 배웠는지 또는 이후에 무엇을 배울지 알아야 정확하게 지도할 수 있기 때문에 교육과정을 분석했어요.

면담 도중, 김 선생님은 수업 시간 중 다루어야 할 수학 개념의 범위를 선정할 때 수학 학습자 지식과 수학 교육과정 지식을 사용하였음을 밝혔다. 지식 사용에 있어 이러한 경향성은 김 선생님의 사례에만 국한된 것이 아니었다. 제4장에서 살펴보았듯이, 수학 개념 지식과 수학 교육과정 지식의 사용은 상호 보완적으로 이루어졌으며, 제5장에 제시된 것처럼, 교사들은 학생들의 수학적 학습 배경을 분석할 때 수학 교육과정 지식을 사용하였다. 또한 제6장에서 교사들은 그들의 기초 수학 개념 지식과 수학 교육과정 지식이 연관된다는 것을 이야기하였다. 특히, 최 선생님은 수학 교수를 위한 지식의 하위 범주들의 복합적 사용에 대해 다음과 같이 진술하였다.

> 제 경우 수학 수업을 해야 할 때, 저는 일단 수업 주제와 관련한 수학 개념들에 관해서 마인드맵을 그려보아요. 그리고 관련된 개념과 수학 교육과정에 제시된 수

학 수업 주제들을 비교해서 학생들이 이미 배운 개념은 무엇인가를 찾아보지요. 그리고 관련 수학 개념들과 수학 교육과정에 제시된 수학 주제의 지도 흐름도 분석하지요. 그리고 미리 배운 수학개념들에 대해 학생들이 얼마나 알고 있는지를 확인하기 위해 진단평가를 실시합니다. 진단평가를 만들 때에는, 관련 수학 개념과 수학 교육과정에 제시된 수학 주제의 제시 단계를 고려한다고 할 수 있지요.

자료 분석 결과 최 선생님이 수학 수업을 준비할 때 우선 기초 수학 개념 지식을 토대로 수업 주제와 관련된 수학 개념들을 도출한 다음 수학 교육과정 지식을 토대로 관련 수학 개념들과 교육과정에 제시된 수학 주제의 배열 순서를 비교하였다. 수학 개념과 국가 수준의 수학 교육과정의 비교 결과를 토대로, 최 선생님은 학생들의 수학 학습 배경을 파악할 수 있는 진단평가를 개발하였으며, 진단평가의 결과는 수학 학습자 지식의 근거가 된다는 점을 알 수 있었다. 이 연구에 참여한 다른 10명의 교사들 역시 수학 교수를 위한 각 지식의 범주의 일정 부분을 활용할 때, 다른 지식의 범주들을 근거로 하여 선택적으로 활용한다고 진술하였다. 즉, 교사들이 수업 중 다룰 수학 개념의 범위를 선정할 때, 교사들은 그들의 수학 학습자 지식을 바탕으로 학생들의 수학 개념에 대한 이해를 고려하였다. 이와 유사하게, 교사들이 학생들의 수학 개념에 대한 이해를 분석할 때, 교사들은 기초 수학 개념 지식 및 수학 교육과정 지식을 사용하였다.

이와 같은 사실에서 우리는 교사들이 수학 교수를 위한 지식의 하위 범주 중 어느 부분을 사용할 것인가를 결정할 때, 다른 지식의 범주들을 근거로 삼는다는 것을 알 수 있었다. 이와 같은 관계를 도식화하면 [그림 7.4]와 같다. 각 지식의 하위 범주들에 속한 주요 개념들 사이의 관련성과 구분하기 위해, 지식의 범주 사이에 일어나는 교사의 의도적 지식 연결은 점선으로 표시했다. 이 연구에서는 교사가 교수 의도를 바탕으로 종류가 다른 지식의 하위 범주들을 연결하여 활용하는 영역을 지식의 교차점(intersection)이라 명명하였다.

교사는 특정한 수학 개념을 지도하기 위해 기초 수학 개념 지식의 일부분을 선정할 때, 의도적으로 수학 교육과정 지식과 수학 학습자 지식의 정보들을 활용하였다.

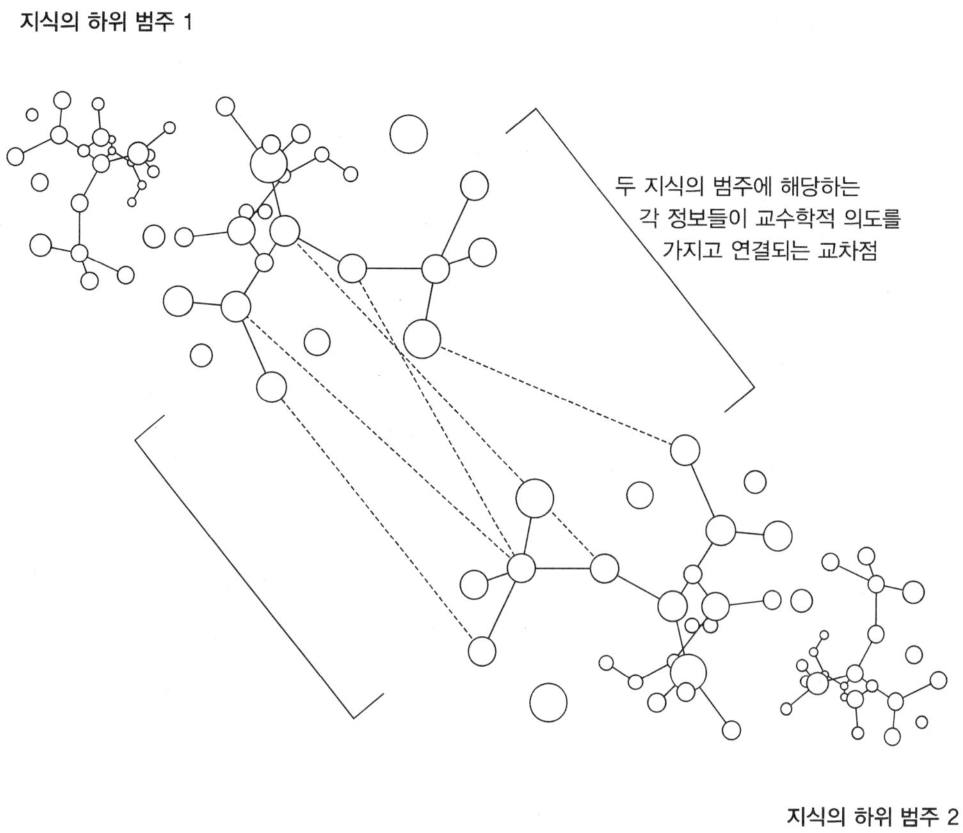

그림 7.4 두 지식의 하위 범주들 사이에 생성하는 교차점의 정의

특히 기초 수학 개념 지식과 수학 학습자 지식 사이의 관계를 살펴보면, 교사들이 수업 주제와 관련하여 수업 시간에 다룰 관련 개념들 중 일부분을 선정할 때, 학생들의 수학 개념에 대한 이해 상태를 고려하였다. 반대로, 교사들은 여러 학습자 특성 중 수업 시간에 중점적으로 활용할 특징을 선정할 때, 수업 내용과 관련한 수학 개념들 중 어떤 부분과 관련한 학생의 특성을 선정할 것인가를 고민하였다. 즉, 기초 수학 개념 지식과 수학 학습자 지식의 활용은 상호 간에 유의미하게 연결되는 교차점에 있는 지식이 중점적으로 수업에 적용됨을 알 수 있으며, 이를 도표로 나타내면 [그림 7.5]와 같다.

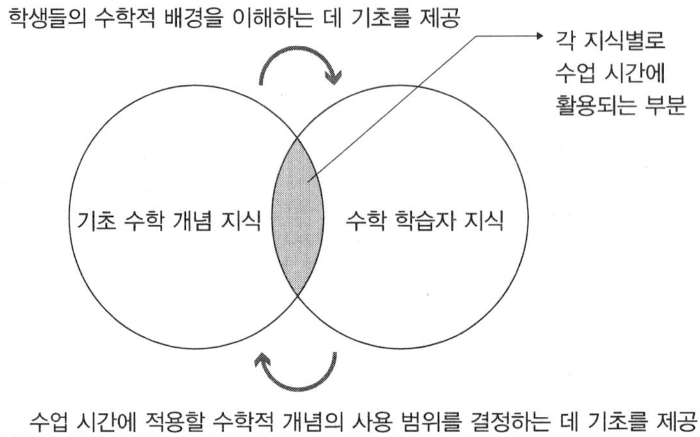

그림 7.5 두 지식의 범주의 교차점 I

유사하게, 교사들이 수학 교육과정 지식을 바탕으로 수업시간에 다룰 수학 교육과정의 적용 범위를 결정할 때, 그들의 기초 수학 개념 지식은 교육과정 지식의 선택적 활용에 있어 근거를 제공하였다. 또한 교육과정 지식 역시 기초 수학 개념 지식 중 수업에 활용할 개념들의 선정에 있어 기초를 제공하였으며 이러한 관계는 [그림 7.6]에 나타나 있다.

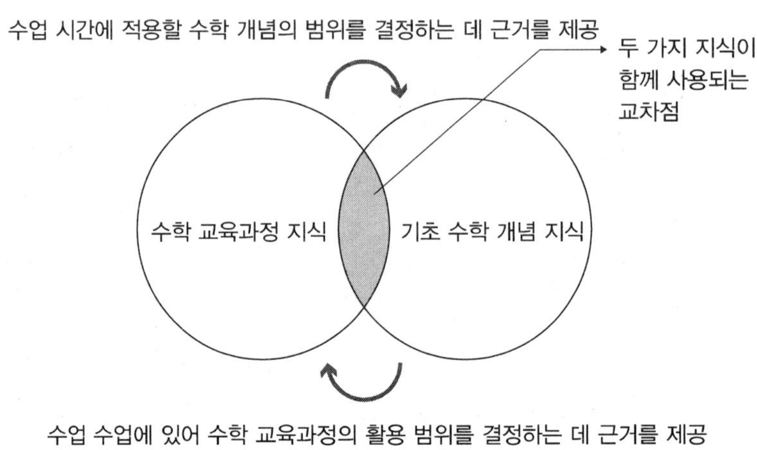

그림 7.6 두 지식의 범주의 교차점 II

또, 앞서 제4장과 제5장에서 교사들은 학생들의 수학 학습 이력을 파악하기 위해 수학 교육과정 지식을 사용한다는 것이 이미 밝혀졌다. 교사들은 교육과정을 토대로 수학 학습자 지식을 활용하여 효율적으로 수업 지도안을 작성하였다. 따라서 수학 교육과정 지식과 수학 학습자 지식의 관계 역시 [그림 7.7]과 같이 나타낼 수 있다.

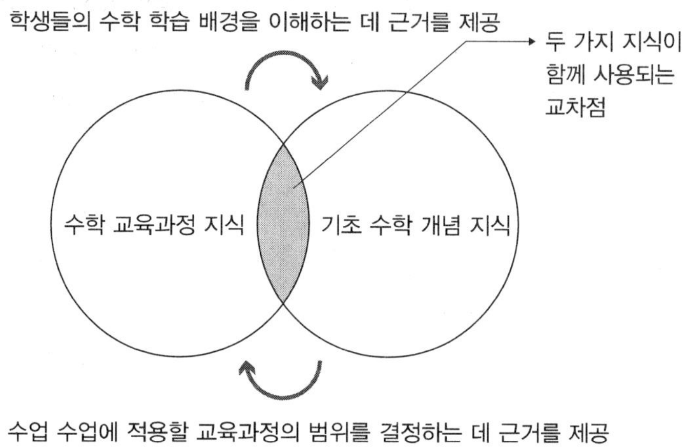

그림 7.7 두 지식의 범주의 교차점 III

볼, 템스, 펠프스(Ball, Themes & Phelps, 2008)는 교사들이 서로 다른 범주에 속한 2개 이상의 지식이 합쳐져 나타나는 특별한 수학적 지식과 기능을 가진다고 주장하였다. 예를 들어, 내용과 학생 지식(p. 401)은 학생들과 수학 개념에 대한 교사의 지식들이 합쳐져서 나타나는 것이다. 볼 등(2008)은 두 가지 지식의 범주가 합쳐져야 한다는 점은 강조하였지만, 어떻게 다른 종류의 지식들이 결합되는지 충분한 설명은 제공하지 못하였다. 이 연구의 분석 결과, 교사들이 한 지식의 범주의 사용 범위를 결정할 때 다른 지식의 범주들을 근거로 사용한다는 점이 밝혀졌다. 따라서 우리는 두 지식의 결합되는 데 사용하는 용어에 대해 '합쳐진다(combine)'보다는 '연결된다(linked)'가 더 적절하다고 제언하는 바이다.

7.4 수학 교수학적 내용 지식

슐만(2987)이 교수학적 내용 지식을 교수 내용과 교육학 사이에 존재하는 교사의 전문적 지식의 특수한 형태라고 정의한 이래, 여러 연구자들이 수학 교과에 있어 교수학적 내용 지식의 실체를 분석하기 위해 다양한 시도를 해왔다. 선행연구들을 분석한 결과, 우리는 교수학적 내용 지식을 바라보는 데 있어 다음 두 가지의 공통된 가정들을 찾아낼 수 있었다. 첫 번째는 교수학적 내용 지식이 다른 지식의 범주들을 모두 포함하는 상위 개념의 지식이라는 점(예: Shulman, 1987; Ball, Thames & Phelps, 2008)과, 교사들은 교수학적 내용 지식을 활용하여 학생들의 수학 이해를 도와준다는 점이었다(예: An, Kulm & Wu, 2004).

만일 우리가 이처럼 교수학적 내용 지식이 다른 지식들의 총합이라고 가정한다면, 각 하위 범주들에 대한 교사의 지식의 정도가 교수학적 내용 지식의 깊이를 결정할 수 있을 것이다. 그러나 앞서 논의된 지식의 하위 범주들 사이의 관계를 살펴보면, 교수학적 내용 지식이 다른 지식들의 총합과 같다는 기존 연구의 가정들에 대한 의구심이 생긴다. 이 연구에 참여한 교사들은 지식의 하위 범주들의 일부분만을 선택적으로 사용하였으며, 하나의 지식의 범주만을 독립적으로 사용하기보다는 다른 지식의 범주들과의 관련성을 토대로 수업에 적용하고 있는 것을 알 수 있었다. 따라서 이 연구의 자료분석 결과, 일부 교사들의 교수학적 내용 지식은 지식의 총합이기보다는 [그림 7.8]과 같이 지식의 각 하위 범주들의 교차점에 존재한다는 것을 알 수 있었다. 우리는 슐만의 교수학적 내용 정의와 구별하기 위해 지식의 하위 범주들 사이의 교차점에 존재하는 지식을 수학 교수학적 내용 지식(Mathematics Pedagogical Content Knowledge, MPCK)이라 명명하였다.

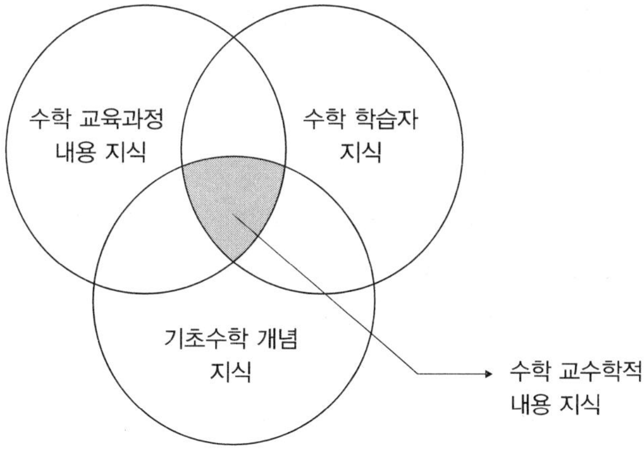

그림 7.8 수학 교수를 위한 교사 지식의 하위 범주들 사이의 교차점

앞서 논의된 것처럼, 지식의 하위 범주들 사이의 교차점은 단순히 지식들이 합쳐진 상태를 의미하지는 않는다. 이 교차점은 다른 지식의 하위 범주들 사이의 정보를 수학 교수를 위해 의미 있게 연결한 상태를 뜻한다. 이는 수학 교수학적 내용 지식은 수학 교수를 위한 수학 지식의 세 가지 하위 범주, 즉 수학 교육과정 지식, 수학 학습자 지식, 기초 수학 개념 지식에 속한 정보들의 유의미한 결합 상태를 일컫는다. 수학 교수학적 내용 지식은 세 가지 지식의 범주 중 단순히 두 지식의 범주의 결합상태와는 구분되어야 한다. 예를 들어, 교사가 수학 교육과정 지식 없이 수학 개념을 학생들에게 지도할 수도 있다. 이 경우, 교사가 학생들의 수학적 배경에 대한 이해를 바탕으로 수학적 개념을 재조직하여 효과적으로 제시할 수도 있을 것이다. 그러나 수학 교육과정에 대한 이해나 언급 없이 학교에서 수학을 지도한다는 것은 상상하기 힘들다. 또한 제4장에서 제6장까지 제시된 연구의 결과를 살펴보면 교사들이 세 가지 지식의 하위 범주에 대한 충분한 지식이 있고 이 지식 안의 정보들을 서로 연결시킬 수 있어야 더 수준 높은 수학 수업을 할 수 있다는 것이 이미 밝혀졌다.

수학 교수학적 내용 지식은 교사가 교육과정을 기반으로 학생들의 수학적 개념을 이해할 수 있도록 돕는 역할을 한다. 지도안에서 추출한 다음 내용은 교사의 수학 교수학적 내용 지식을 이해하는 데 중요한 단서를 제공한다. 김 선생님은 다양한 지식의 범주들의 정보들을 결합한 수학 교수학적 내용 지식을 토대로 다음과 같이 수학 수업의 시사점을 도출하였다.

> 반 42명의 학생들 중, 33명(83%)이 학원 등을 통해 이번 수업에서 학습할 내용을 이미 배운 것으로 조사되었다. 이 경우, 학생들은 자신이 수학 개념을 안다고 생각하기 때문에 수학 수업에 집중하지 못할 가능성이 높다. 이러한 학생들을 수업에 참여시키기 위해, 학생들이 흥미로워할 학생 중심의 활동들을 설계하여 수업을 진행할 계획이다. 한편, 83%의 학생들은 학원을 통해 학습할 내용을 이미 배웠지만, 여전히 모눈종이에 도형을 그리는 것을 어려워했다. 이는 오늘 수업이 도형을 그리는 절차와 도형의 개념을 연관시켜 진행되어야 함을 나타난다. 또, 대부분의 학생들이 변과 모서리와 같은 도형과 관련된 개념을 잘 알지만, 일부 학생들은 도형에서 평행선을 찾는 데 어려움을 느끼는 것으로 조사되었다. 따라서 이러한 학생들의 수준 차에 맞춰 여러 가지 활동을 준비해야 한다. 도형의 개념을 이해한다는 것은 다른 도형과 그 도형을 구분 지을 수 있는 도형의 속성을 인지하는 것을 의미한다. 초등학교 수준에서는 학생들이 이러한 도형의 속성을 수학적 방법으로 증명하기보다는 직관적으로 알아내는 것을 강조하고 있다. 또, 교육과정에 따르면 4학년 학생들이 도형을 학습할 때 수학적 증명을 통해 정교하게 개념을 정의할 필요는 없다. 이 단계에서는 학생들이 도형을 자와 컴퍼스를 이용해 그려보면서 그들이 알고 있는 수학적 개념을 견고히 하는 것으로 충분하다. 따라서 학생들의 이해와 기능 수준에 따라 점판 등을 활용한 여러 가지 그리기 활동을 수업 중에 제공할 것이다.

위의 내용을 살펴보면, 김 선생님이 국가 수준의 수학 교육과정, 학생들의 수학적 개념, 그리고 수업 주제와 관련된 수학 개념들을 고려하여 학생들의 수준에 맞는 수업 활동들을 설계한 것을 알 수 있다. 김 선생님은 각 범주별 지식을 사용하거나 다른 지식들과의 연결을 통해 해석하였으며, 이를 통해 수학 수업에 시사점을 도출하였다.

우리는 이 장에서 수학 수업에 있어 교사들의 수학 교수학적 내용 지식의 사용과 관련한 분석 결과를 제시하지 않았다. 이는 세 가지 지식의 하위 범주의 교집합에서 나타나는 수학 교수학적 내용 지식의 활용이 앞서 제4장에서 제6장까지 제시한 각 지식의 범주별 사용 분석 결과와 동일하기 때문이다.

7.5 수학 교수학적 절차 지식

앞 장에서, 우리는 교사 지식의 세 가지 하위 범주들의 관계와 이 관계 속에서 수학 교수학적 내용 지식이 어떻게 도출되는지를 설명하였다. 분석 결과, 한국 초등학교 교사들은 각 지식의 하위 범주별로 심도 깊은 지식이 있었으며, 각 범주별 지식들을 연결하여 수업에 시사점을 도출해내는 방법도 잘 아는 것으로 조사되었다. 특히, 지도안 및 면담 등의 자료 분석 결과, 우리는 교사들이 수학 교수학적 내용 지식을 도출해 내는 데 있어 특정한 절차를 사용한다는 것을 알게 되었다. 우리는 이러한 절차와 관련한 지식을 수학 교수학적 절차 지식(Mathematics Pedagogical Procedural Knowledge, MPPK)이라고 명명하였다. 선행 연구 중 일부는 교수학적 절차와 관련한 교사의 지식을 교수 전략 중 하나로 간주하였다(예: Crawford & Witee, 1999; Kameenui & Carnine, 2011). 그러나 우리는 절차와 관련하여 아는 것도 하나의 지식의 종류로 간주할 수 있다는 스켐프(1987)의 주장을 토대로 수학 교수학적 내용 지식을 이끌어내는 절차적 방법에 대한 교사의 이해를 하나의 지식의 범주로 규정하였다. 즉, 수학 교수학적 절차 지식은 수학 교수를 위한 다양한 지식의 하위 범주들 사이의 관계 속에서 존재하는 수학 교수학적 내용 지식을 이끌어내기 위한 교사의 절차적 지식을 뜻한다.

다양한 지식의 정보들을 연결하는 것과 관련된 절차는 교사 지식의 깊이, 수학 교수 학습에 대한 신념과 같은 여러 가지 요소에 따라 다르게 나타날 수 있다. 그러나 이러한 차이점을 감안하고도, 우리는 교사들이 수학 교수를 위해 여러 가지 정보를 연결하는 데 사용하는 일반적인 절차를 찾을 수 있었으며, 이 연구에서는 이를 수학 교수학적 절차 지식이라 규정하였다. 우리는 이 연구에서 수학 교수학적 절차 지식을 구체화한 모델을 설계하였는데, 이 모델의 원형은 교사들의 수업 지도안 분석에서 도출되었다. 비록 이 연구에 참여한 11명의 교사들의 성별, 연령, 근무 지역의 공통점은 적었지만, 교사들의 수업 지도안은 유사한 구조를 가지고 있었다. 특히 지도안들은 공통적으로 수업의 목표, 국가 수준의 수학 교육과정을 바탕으로 한 수업 주제와 관련한 학생들의 학습 이력, 학생들의 특징, 수학 수업에의 시사점 또는 유의점, 그리고 실제 수업의 구체적 설계 등의 순서로 구성된다. 수업 지도안의 일반적 구조 분석을 통해 수학 교수학적 절차 지식의 모델은 [그림 7.9]와 같이 도출되었다.

[그림 7.9]에서 타원은 국가 수준의 수학 교육과정을 토대로 제시된 수학 주제나 수업의 목표를 뜻한다. 직사각형은 수학 수업을 설계하는 주요한 단계들과 수학 수업을 위한 지식의 하위 범주를 나타낸다. 화살표는 수학 수업 설계 절차를 제시하며, 화살표 위에 적힌 글들은 각 단계 사이의 관계와 수업 설계의 범위를 보여준다. [그림 7.9]에 제시된 것처럼, 수학 교수학적 내용 지식은 수업 설계의 결과물로 수학 교수에 영향을 준다. 이때, 수학 수업은 수학 수업을 설계하는 과정, 실제 교실 수업 과정, 그리고 수업이 끝난 후 학생들의 학습 결과물을 평가하는 모든 과정을 포함한다.

위에 제시한 모델은 수학 교수학적 절차 지식이 선형적이지 않다는 것을 보여준다. 수학 교수학적 절차 지식의 각 단계는 서로 복잡하게 연결되며, 각 단계는 상호 간에 영향을 미친다. 국가 수준의 수학 교육과정에 따라 수학 수업을 설계할 때, 교사들은 교육과정에 제시된 목표를 바탕으로 세부적인 수업 목표를 설정한다. 동시에, 교사는 수업 주제와 관련한 수학 개념들을 고려할 뿐만 아니라, 수학 교육과정 지식, 기초 수학 개념 지식, 수학 학습자 지식을 포함하는 수학 교수학적 내용 지식을 사용하여 수학 수업을 구안하고 진행한다.

기존의 선행 연구들을 살펴보면, 많은 연구자들이 교수학적 내용 지식의 중요성을 강조한 반면, 어떻게 교사가 교수학적 내용 지식을 획득하는가에 대한 논의는 상대적으로 부족하였다. 이 연구의 분석결과를 살펴보면, 교수학적 내용 지식과 관련된 논리적인 절차가 포함된 별도의 지식이 존재할 수 있으며, 이는 한국 초등학교 교사들의 수학 수업과 관련된 지식의 주목할 만한 특징이라고 할 수 있다. 그러나 이와 관련해서는 다른 과목, 혹은 다른 국가 교사들의 지식에 대한 추가적인 조사가 필요하다고 할 수 있다.

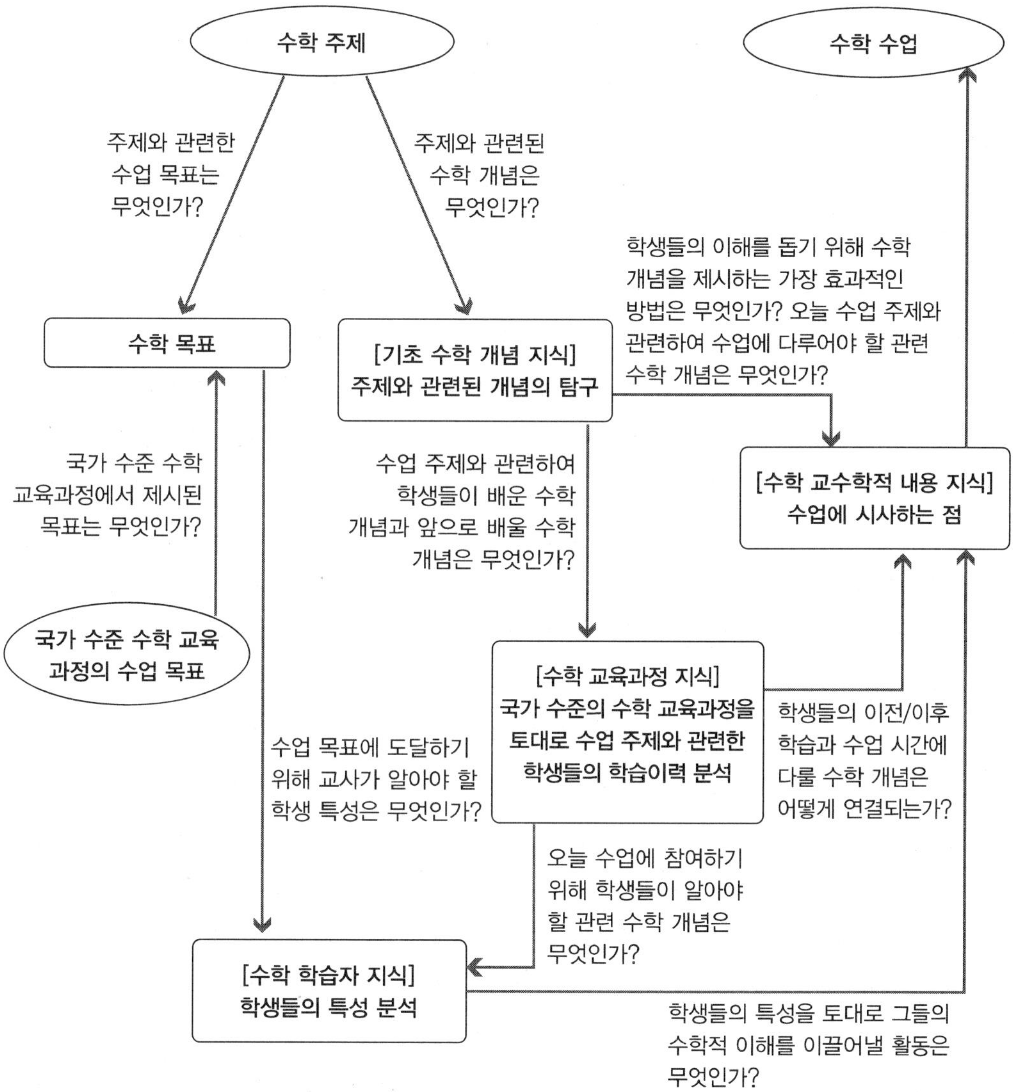

그림 7.9 수학 교수학적 절차 지식 모델

7.6 한국 초등학교 교사의 수학 교수를 위한 지식의 구조

논의를 종합해보면, 한국 초등학교 교사의 수학 교수를 위한 지식은 수학 교육과정 지식, 수학 학습자 지식, 기초 수학 개념 지식, 수학 교수학적 내용 지식, 수학 교수학적 절차 지식이라는 다섯 가지의 하위 범주로 구성된 사실을 알 수 있다. 이 중 수학 교육과정 지식, 수학 학습자 지식, 기초 수학 개념 지식은 수학 교수학적 절차 지식을 통해 수학 교수학적 내용 지식을 도출해내는 기본적인 지식이라 할 수 있다. 이 연구 분석 결과의 주목할 만한 또 다른 점은 교사들이 교직 경력을 통해 그들의 지식을 심화했다고 응답한 점이다. 이러한 이 연구의 결론들을 토대로, 우리는 [그림 7.10]과 같이 한국 초등학교 교사의 수학 교수를 위한 지식의 구조 모델을 설계하였다.

이 구조 모델의 가장 핵심적인 부분은 교수학적 내용 지식이 다른 지식의 하위 범주들의 총합이 아니며, 교사들은 수학 교수학적 내용 지식을 얻기 위해 특별한 절차적 지식이 있어야 한다는 점이다. 초등학교 교사들은 수학 교수학적 내용 지식 없이 수학 교육과정 지식이나 기초 수학 개념 지식과 같은 한두 가지의 지식으로 수학을 가르칠 수도 있다. 그러나 제2장에서 논의된 것처럼, 초등학교 교사는 학교 교육과정과 학생들의 수준에 따라 수학 개념을 제시할 수 있어야 하며, 이것이 바로 교사들의 지식이 다른 수학 내용 전문가의 지식과 다른 특별한 점이라고 할 수 있다(Ball, et al., 2008). 따라서 수학 교육과정 지식, 수학 학습자 지식, 기초 수학 개념 지식을 모두 활용한 형태가 수학 교수학적 내용 지식이라 지칭할 수 있으며, 교사의 지식은 수학 교수학적 내용 지식이라는 통합된 형태로 수업에 영향을 미친다.

이 모델에 또 하나 주목할 점은 수학 교육과정 지식, 수학 학습자 지식, 기초 수학 개념 지식이 수학 교수학적 내용 지식만큼이나 중요한 지식의 범주들이라는 점이다. 지금까지 다양한 연구들이 교수학적 내용 지식의 중요성을 강조하고, 이것의 향상 방안을 고민해왔다. 그러나 그동안 너무 많은 논의들이 교수학적 내용 지식에만 초점을 맞추다 보니, 다른 지식의 하위 범주들의 중요성이 간과되는 측면이 있었다. [그림 7.10]에서 제시한 것처럼, 수학 교육과정 지식, 수학 학습자 지식, 기초 수학 개념 지식은 수학 교수학적 내용 지식을 이루는 근간이 될 수 있다. 따라서 수학 교수학적 내용 지식의 이해에 앞서, 각 기본 범주별로 심도 깊은 지식을 습득하도록 노력해야 할 것이다.

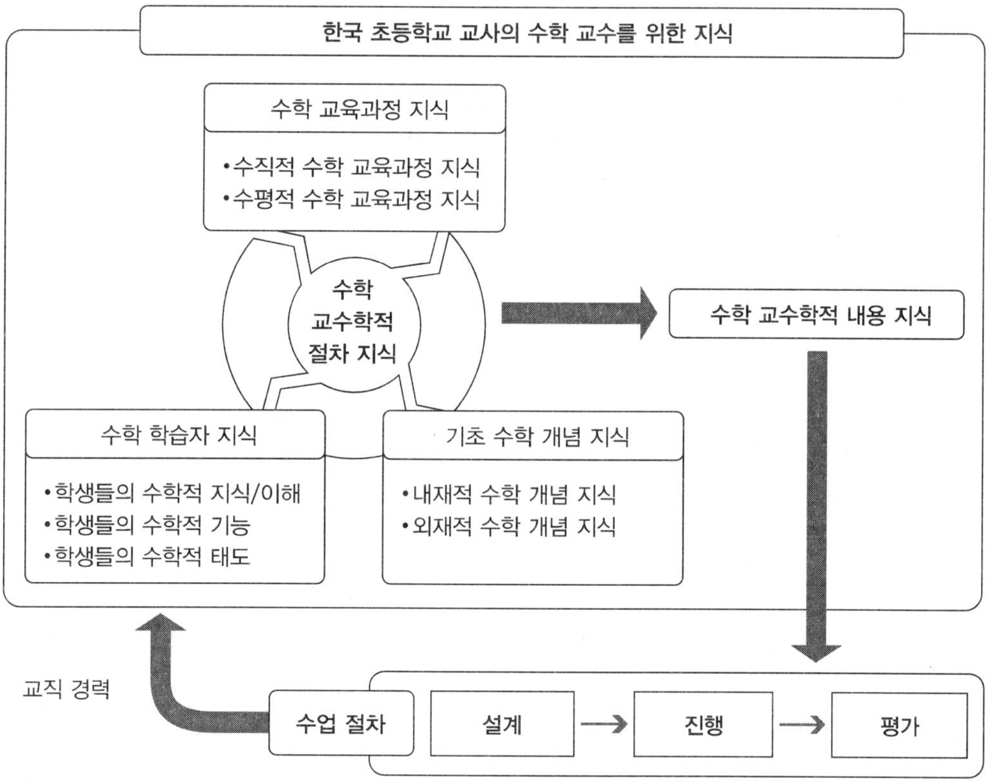

그림 7.10 한국 초등학교 교사의 수학 교수를 위한 지식의 구조

7.7 해석적 요약

이 장에서 우리는 히버트와 카펜터(Hiebert & Carpenter, 1992)의 지식에 대한 관점을 토대로 수학 교수를 위한 교사의 지식을 삼차원의 거미줄과 같은 형태로 가정했

다. 이러한 가정을 토대로, 우리는 교사의 수학 교수를 위한 지식의 모델을 제시하였으며, 이 모델은 주요 구성요소와(예: 수학 개념, 학생의 특성, 수학 주제)와 구성요소들의 관계로 이루어진다고 하였다. 이 모델을 활용하여, 우리는 수학 교수를 위한 교사 지식의 하위 범주들의 관계를 분석하였으며, 교사들은 각 지식의 범주별로 일부분만을 수업 중에 사용하며, 이때 다른 지식의 범주들과의 관계성을 고려한다는 점을 찾아내었다. 이 연구에서는 서로 다른 지식의 범주들이 연결되는 곳을 교차점(intersection)이라 명명하였으며, 이 교차점은 2개 이상의 지식의 범주들이 단순히 합쳐지는 것이 아니라 필요한 정보들이 유의미하게 연결되어 해석되는 것을 의미하였다.

수학 교수를 위한 지식의 하위 범주들의 관계에 대한 분석을 토대로, 우리는 수학 교수학적 내용 지식은 수학 교육과정 지식, 수학 학습자 지식, 기초 수학 개념 지식이라는 세 가지 지식의 하위 범주의 통합된 형태이며, 이렇게 다양한 지식 정보들이 연결된 상태로 수학 수업에 영향을 준다는 점을 알게 되었다. 교수학적 내용 지식에 대한 선행연구들과 이 연구의 가장 큰 관점의 차이는 이 연구에서는 교사가 각 지식의 하위 범주별로 충분한 지식이 있어도 이를 연결시켜 해석하는 방법을 알지 못하면 수학 교수학적 내용 지식을 가질 수 없다는 점이다. 이와 관련하여, 우리는 이 연구에 참여한 교사들이 다른 지식의 하위 범주들로부터 수학 교수학적 내용 지식을 도출하기 위해 수학 교수학적 절차 지식을 사용한다는 점을 찾아내었다. 수업 지도안과 면담의 분석 결과를 토대로, 우리는 수학 교수학적 절차 지식 모델을 제시하였다. 결론적으로, 한국 초등학교 교사의 수학 교사를 위한 지식은 수학 교육과정 지식, 수학 학습자 지식, 기초 수학 개념 지식, 수학 교수학적 내용 지식, 수학 교수학적 절차 지식의 다섯 개의 하위 범주로 구성되며, 수학 교육과정 지식, 수학 학습자 지식, 기초 수학 개념 지식은 수학 교육과정 지식이라는 통합적 형태로 수학 수업에 영향을 준다는 점을 찾아낼 수 있었다.

참고문헌

An. S., Kulm. G., & Wu. Z. (2004). The pedagogical content knowledge of middle school mathematics teachers in China and the U.S. *Journal of mathematics teacher education, 7*, 145-172.

Ball, D. L., Thames, M. H., & Phelps, G. (2008). Content knowledge for teaching: What makes it special? *Journal of Teacher Education, 59*, 389-407.

Crawford, M., & Witee, M. (1999). Strategies for mathematics: Teaching in context. *Educational Leadership, 57*. 34-38.

Eisenhart, M., Borko, H., Underhill, R., Brown, C., Jones, D., & Agard, P. (1993). Conceptual knowledge falls through the cracks: Complicities of learning to teach mathematics for understanding. *Journal for Research in Mathematics Education, 24*, 81-40.

Hiebert, J., & Carpenter, T. P. (1992). Learning and teaching with understanding. In D.A. Grouws (Ed.), *Handbook of research on mathematics teaching and learning* (pp. 65-97). New York: Macmillan Publishing Company.

Kameenui, E., & Carnine, D. W. (2011). *Effective teaching strategies that accommodate diverse learners*. Upper Saddle River, N.J: Pearson Education.

Marks, R. (1990). Pedagogical content knowledge: From a mathematical case to a modified conception. *Journal of Teacher Education. 41*, 3-11.

Shulman, L. (1987). Knowledge and teaching: Foundations of the new reform. *Harvard Educational Review, 57*, 1-22.

Skemp, R. R. (1987). *The psychology of learning mathematics*. Hillsdale, NJ: Lawrence Erlbaum Associates.

제 8 장

요약, 결론 및 시사점

이 장에서는 이 연구에서 도출된 조사 결과를 요약하고 이 결론들이 현재의 수학 수업을 위한 교사 자신에 관한 현재의 연구 흐름에 어떻게 기여할 수 있는지에 대한 논의를 제공한다. 이 장에서는 또한 조사 결과로부터 이끌어낸 결론과 후속 연구를 위한 제언과 시사점을 포함한다.

8.1 도입

앞서 네 장에서는 이 연구에서 도출된 수학 교수를 위한 교사 지식의 하위 범주들과 관련한 자세한 설명들을 제공한다. 특히 제4~6장에서 수학 교육과정 지식, 수학 학습자 지식, 기초 수학 개념 지식과 같은 수학 교수를 위한 초등학교 교사의 지식의 핵심 범주들에 대해 알아보았다. 제7장에서는 이러한 지식의 범주들 사이의 관계와, 이러한 관계가 수학 교수학적 내용 지식의 구성에 어떤 영향을 미치는지를 알아보았다. 또, 수학 교수학적 절차 지식이 교사의 수학 교수학적 내용 지식을 형성하는 데 필수적 역할을 한다는 것도 알 수 있었다.

이 장에서는 이 연구의 결과 요약과 이 결론들이 어떻게 현재의 수학 수업을 위한 교사 자신에 관한 현재의 연구 흐름에 기여할 수 있는지에 대한 논의를 제공한다. 또 조사 결과에서 이끌어낸 결론과 후속 연구를 위한 제언과 시사점을 포함한다.

8.2 연구의 요약

이 연구의 목표는 한국 초등학교 교사들의 수학 교수를 위한 지식의 범주들을 규명하는 것이다. 초등학교 교사의 수학 교수를 위한 지식이 학생들의 수학 학습에 영향을 준다는 가정하에, 11명의 한국 초등학교 교사들이 자발적으로 이 연구에 참여하였다. 본 다중 사례 연구는 '한국 초등학교 교사들은 어떤 종류의 수학적 지식을 수학 수업 중 사용하는가?'라는 주 연구 문제를 중심으로 이루어졌다. 주 연구 문제의 범위를 넓히기 위해, 다음과 같은 하위 연구 문제를 다루었다. 1) 한국 초등학교 교사의 수학 교수를 위한 지식의 하위 범주들이 그들의 수학 수업에 어떤 영향을 미치는가? 2) 한국 초등학교 교사의 지식의 하위 범주들은 각각 어떻게 구성되는가? 3) 한국 초등학교 교사의 수학 교수를 위한 지식의 하위 범주들은 상호 간에 어떤 관련성을 맺는가? 이러한 연구 문제들은 한국 초등학교 교사의 수학 교수를 위한 지식의 특징을 밝힐 수 있도록 조사되었다.

이 연구를 시행하는 데 있어 기본적 가정들은 이론적 근거와 개념적 틀을 포함하여 이 연구의 제1장에서 제시되었다. 특히, 비고츠키의 사회문화적 관점은 수학 교수 학습에 있어 언어의 역할 및 학생의 내용 학습을 증진시키는 교사의 역할을 이해하는 데 근거를 제공하였다. 예를 들어, 비고츠키 이론에 근거한 이 연구의 가장 핵심적인 가정은 한국 초등학교 교사의 수업 중 언어 사용이 그들의 수학 교수에 대한 지식을 이해하기 위해 가장 중요한 요소가 된다는 점이다. 이처럼 이 연구의 개념적 틀과 이론적 배경은 이 연구의 연구 문제를 조사하는 데 있어 기본적 윤곽을 제시하고 있다. 또, 연구의 개념적 틀과 이론적 배경은 교사의 수학 교수와 관련한 지식의 여러 구성요소 및 수업의 실제와 관련한 다양한 개념을 설명하고 있다.

우리는 11명의 한국 초등학교 교사와 관련하여 도출된 자료를 분석하고 기술하기 위한 세부적인 도식(shema)를 구성하기 위해 사회문화이론(sociolinguistic tradition)과 근거이론(grounded theory)을 통합한 다중 사례 연구를 적용하였다. 이 연구에서는 근거이론의 방법론을 토대로, 수학적 교수학적 내용 지식을 포함한 수학 교수를 위한 여러 지식의 범주들과 이러한 지식이 수학 수업에 어떤 영향을 미치는지를 기술하기 위해 다층구조의 모델을 구성하였다.

수합된 자료를 분석하여 한국 초등학교 교사의 수학 교수를 위한 지식의 하위 범주로 수학 교육과정 지식, 수학 학습자 지식, 기초 수학 개념 지식, 수학 교수학적 내용 지식, 수학 교수학적 절차 지식과 같은 다섯 가지의 지식을 밝혀냈다.

수학 교육과정 지식은 국가 수준의 수학 교육과정에 따라 학년 내 또는 학년 간에 존재하는 수학 개념들 사이의 제시 순서에 대한 교사의 이해를 뜻한다. 수학 교육과정 지식은 수직적 교육과정 지식과 수평적 교육과정 지식이라는 하위 범주로 나뉜다. 수직적 교육과정 지식은 여러 학년에 걸쳐 학생들이 배우게 되는 수학 내용에 대한 제시 순서에 대한 교사의 지식을 뜻한다(예: 1학년과 3학년 수업 내용 중 관련이 있는 수학 개념에 대한 이해). 수평적 수학 교육과정 지식은 한 학년 내에 수학 교육과정 안에서 제시되는 수학 개념들의 관계에 대한 지식을 지칭한다(예: 1학년 수학 교육과정에서 제시되는 수학 주제들 사이의 연관성). 이 연구의 자료 분석으로부터 한국 초등학교 교사의 수학 교육과정 지식은 학생들의 수학적 배경과 경험을 분석하는 근거를 제공해 준다는 것이 밝혀졌다. 특히, 수학 교육과정 지식은 교사가 그들의 학생들이 수학적 개념들 사이의 연관성을 이해하도록 돕는 데 있어 교사가 고려해야 할 수업 내용의 범위에 대한 기준을 제시하는 것으로 조사되었다.

수학 학습자 지식은 수학 학생의 특성에 대한 이해와 이러한 이해를 수학 수업에 어떻게 활용할 수 있는지에 대한 교사의 지식을 뜻한다. 이 연구에서는 자료 분석 결과 수학 학습자 지식은 수학 학생의 지식/이해, 수학 학생의 기능, 수학 학생의 태도와 같은 세 가지 하위 범주로 구분될 수 있다는 것을 밝혔다. 이때, 학생은 국가 수준의 교육과정에 따라 일반적인 학교 교실에서 수학을 배우는 학생을 뜻한다. 또한 학생의 수학적 지식은 수학에 대한 개념적 이해를 뜻하는 반면, 수학적 기능은 수학에 대한 절차적 지식과 수학 문제를 해결하는 데 있어 필요한 기능 모두를 뜻한다. 학생의 수학적 태도는 수학에 대한 선호도와 가치를 이해하는 것을 뜻한다. 이러한 세 가지 하위 범주들은 교사가 수업을 설계하고, 실제 교실 수업을 진행하고, 학생의 학습을 평가하는 데 있어 교사가 유용하게 사용하는 것으로 조사되었다.

기초 수학 개념 지식은 수학적 주제의 정신적 표상(mental representation)과 그들의 관계에 대한 교사의 이해를 지칭한다. 또한 이 지식은 추상적인 수학적 개념을 학생들이 이해할 수 있는 형태로 변환하는 것과 관련된 지식을 포함한다. 기본 수학 개념 지식은 내재적 수학 개념 지식과 외재적 수학 개념 지식으로 구분된다. 내재적 수학 개념 지식은 수학 개념에 대한 추상적인 정신적 표상에 대한 지식과 학생들로 하여금 정신적 표상을 구성해나가도록 보조하기 위해 감각적 경험을 어떻게 제공해야 하는가와 관련한 지식을 지칭한다. 외재적 수학 개념 지식은 수학적인 정신적 표상들 사이의 관계에 대한 교사의 지식과 이러한 관계성을 학생들이 이해하도록 교사가 제공할 수 있는 방법들에 대한 지식을 뜻한다. 이 연구에서 밝혀진 중요한 부분 중 하나는 수업을 계획할 때 교사들은 수학 개념 그 자체와 수학 개념들 사이의 관련성 모두를 고려한다는 점이다. 또한 교실에서 수학 수업 중 학생들과 대화를 진행하면서 교사들은 수학 기본 개념 지식을 사용했다. 또 교실 수업 중 교사와 학생의 대화 분석에서, 우리는 기초 수학 개념 지식은 수학 개념의 발생학적 원리를 포함할 수 있다는 점을 찾아냈다.

수학 교수학적 내용 지식은 수학 교육과정 지식, 수학 학습자 지식, 그리고 기초 수학 개념 지식이 유의미하게 결합되어 나타나는 지식을 의미한다. 수학 교수학적 내용 지식은 수학 교육과정 지식, 수학 학습자 지식, 기초 수학 개념 지식이 서로 교차하는 곳에서 존재한다. 자료 분석 결과, 수학 교육과정 지식, 수학 학습자 지식, 그리고 기초 수학 개념 지식은 수학 교수학적 내용 지식이라는 통합된 형태로 수학 수업 진행 과정에 영향을 주는 것으로 조사되었다.

수학 교수학적 절차 지식은 수학 교수학적 내용 지식을 이끌어내기 위해 교사들이 사용하는 일반적인 절차에 대한 교사의 이해를 뜻한다. 수업 지도안 분석을 통해, 지식의 하위 범주들로부터 수학 교수학적 절차 지식을 활용해 교사들이 어떻게 수학 교수학적 내용 지식을 조합해내는지를 제시하였다. 즉, 수학 교육과정 지식, 수학 학습자 지식, 기본 수학 개념 지식이라는 하위 범주들은 수학 교수학적 내용 지식이라는 통합된 형태로 교사가 수학 수업을 진행하는 데 핵심적인 역할을 하였다. 이 연구의 가장 핵심적인 발견 중 하나는 수학 교수학적 내용 지식은 단순히 다른 지식의 하위 범주들을 모두 더해 나타나는 것이 아니라 교사가 수학 교수학적 절차 지식이라는 특별한 절차적 지식을 활용하여 도출해내야 한다는 점이다.

8.3 논의

이 절에서는 한국 초등학교 교사들의 수학 수업을 위한 지식의 하위 범주들에 대한 논의를 제공한다. 각 지식의 범주에 대해 살펴보기 전에, 이 연구에서 제시된 다섯 가지의 교사 지식의 하위 범주들은 각각 독립적으로 존재하기보다는 유기적으로 연결되어 있음을 밝히는 바이다.

8.3.1 수학 교육과정 지식

이 연구의 자료 분석 결과, 수학 교육과정 지식은 한국 초등학교 교사의 수학 교수를 위한 지식의 중요한 하위 범주 중 하나임을 알 수 있었다. 이러한 결론은 이 연구에서 분석한 다양한 수업 사례들에서 알 수 있었다. 수업을 설계할 때, 이 연구에 참여한 11명의 교사들은 국가 수준의 수학 교육과정에 따라 수학 수업을 설계, 진행하였다. 특히 교사들이 수학 수업을 설계하거나 학생들의 수학 학습을 평가할 때, 수학 교육과정 지식은 교사들이 학생들의 수학적 배경을 분석하는 데 있어 중요한 역할을 하였다. 교사들의 수학 교육과정 지식은 교사들이 수학 수업 활동을 설계하고, 수업 중 수학적 용어를 사용하는 데에도 영향을 주었다. 또 교사들이 수학을 지도할 때 수학적 개념과 수학적 기능 사이에 연결을 가능하게 해주었다. 따라서 이 연구에서 수학 교육과정 지식은 교사들의 수학 수업 진행에 영향을 미치며, 특히 수업 내용 설계에 기초를 제공한다고 결론지었다. 이러한 결론은 교사의 교육과정에 대한 지식은 수학 수업을 하는 데 배경 지식을 제공할 뿐 수학수업에는 직접적인 영향을 미치지 않는다는 기존의 연구결과와 상반되었다(예: Shulman, 1987; Ball, Thames & Phelps, 2008).

교직 경력과 교사의 수학 교수를 위한 지식의 상관관계는 이 연구의 주요한 연구 대상이 아니었지만, 이 연구의 분석 결과 참여자들이 다양한 학년의 학생들을 지도한 경험을 통해 수학 교육과정 지식을 획득할 수 있다는 가능성이 검토되었다. 한국의 초등학교 교사들은 일반적으로 매해 학년을 바꿔가면서 가르친다. 따라서 교사들이 각 학년별로 국가 수준에 제시된 수학 교육과정에 대해 더 친숙해질 가능성이 높다. 기존의 연구에도 다양한 학년을 지도해본 초등학교 교사가 한두 학년만 지도해본 교사에 비해 수학 교수를 위한 지식의 깊이가 더 깊다는 주장이 있었지만(예: Chinnamppan & Lawson, 2005; Ng, 2011), 교직 경력이 어떻게 교사의 지식 증진에 영향을 미치는지에 대해서는 명확히 밝혀지지 않았다. 이 연구의 분석 결과는 교사가 다양한 학년의 학생들을 지도한 경험이 수학 교육과정에 제시된 다양한 수학 내용의 관계를 이해하는 데 도움을 준다는 것을 밝힘으로써, 교직 경력과 교사 지식의 관계를 이해하는 데 새로운 관점을 제시하였다.

8.3.2 수학 학습자 지식

이 연구의 자료 분석 결과 밝혀진 중요한 결론 중 하나는 수학 학습자 지식이 한국 초등학교 교사들의 수학 수업에서 중요한 역할을 수행한다는 점이다. 특히 수학 학습자 지식은 학습자의 지식/이해, 기능, 태도라는 세 가지 하위 범주로 구성된다. 이 연구에 참여한 교사들은 국가 수준의 수학 교육과정에 명시된 수학 수업의 목표에 도달하기 위해서는 적어도 학습자의 이 세 가지가 영역별 특징에 대해 교사가 알아야 한다고 이야기하였다. 교사의 수학 학습자 지식은 수학 수업의 여러 측면에 영향을 주었다.

예를 들어, 수학 학습자 지식은 교사가 수학 수업을 설계할 때 학생 특성을 바탕으로 수학적 활동과 교구를 선택하는 데 영향을 주었다. 또 교사들은 수학 수업 중 그들의 수학 학습자 지식을 활성화하여 학생들의 인지적·정서적 상태를 고려하여 학생들과 효율적으로 대화할 수 있었다. 또한 교사들은 학생의 학습과 수학적 배경을 분석할 때에도 수학 학습자 지식을 사용하였다. 이러한 연구 결론은 초등학교 교사들이 학생들을 지도하기 위해 학생들이 수학 문제 해결 시 사용하는 정형화되지 않은 전략들에 대해 알아야 한다는 선행 연구들의 주장과 일맥상통한다(Anderson & Kim, 2003; Empson & Junk, 2004; Kleve, 2010).

선행 연구자들은 교사가 학생들의 수학에 대한 선행지식(Donovan & Branford, 2005), 교육학적 배경(Fennema & Franke, 1992), 학생의 감정적 발전상태(Goldbeck & Ginburg, 2004), 과외나 학원 수강 여부(Choi, 2013), 그리고 학생들의 인종(NCTM, 2000)까지 고려해야 한다고 말한다. 교사가 학생에 대해 많이 안다는 것은 그들의 수준에 맞게 수업을 할 수 있는 가능성이 높아진다는 것을 의미한다. 그러나 그동안의 연구들은 교사가 고려해야 할 학생의 다양한 측면을 제시했을 뿐, 필수적으로 알아야 할 것은 무엇인가에 대한 논의를 제시하는 데에는 충분치 않았다. 이 연구에서 제시한 학생의 지식, 기능, 태도는 수학 수업의 목표에 도달하는 데 있어서 교사가 반드시 알아야 할 최소한의 정보로 이해되어야 할 것이다.

8.3.3 기초 수학 개념 지식

이 연구의 또 다른 중요한 결론 중 하나는 이 연구에 참여한 한국 초등학교 교사들이 기초 수학 개념 지식을 가진다는 점이다. 기초 수학 개념 지식은 내재적 수학 개념 지식과 외재적 수학 개념 지식으로 구성된다. 이 연구의 수업 지도안 분석, 수업 관찰 분석, 그리고 이와 관련한 면담의 분석에서 교사들은 그들이 수업을 설계하고, 실제 수업을 교실에서 진행하고, 수업 후 학생들의 학습 내용을 평가할 때 내재적 수학 개념 지식과 외재적 수학 개념 지식을 모두 사용하는 것으로 밝혀졌다.

그러나 선행연구들을 살펴보면 대부분의 연구들은 우리가 이 연구에서 외재적 수학 개념 지식이라고 정의한 개념들을 어떻게 연결할 것인가와 관련된 지식에만 중점을 두었다. 예를 들어, 마(1999)는 교사들은 수학 개념들 사이의 네트워크를 지칭하는 '기초 수학에 대한 깊은 이해(profound understanding of fundamental mathematics, p. 107)'가 있어야 한다고 주장했다. 그 연구에 따르면, 기초 수학을 깊이 이해하는 교사는 학생들에게 수학적 개념과 절차의 상관관계를 더 효율적으로 제시할 수 있다고 하였다. 칼패트릭, 스와포드, 핀델(2001)은 초등학교 교사는 추상적인 수학 아이디어의 이해를 바탕으로 학생들로 하여금 수학적 개념을 연결시킬 수 있도록 돕는 방법을 알아야 한다고 주장하였다. 그러나 이 연구의 결과, 내재적 수학 개념 지식은 학생들이 수학 개념을 이해하도록 다양한 수업 활동을 구성하는 데 있어 필수적 요소라는 것을 알 수 있었다. 이 연구에 참여한 교사들은 수학적 개념과 그 개념들을 서로 연결하는 지식 모두가 풍부했다. 즉, 이 연구에서 내재적 수학 개념 지식으로 설명된 수학 개념의 추상적 표상의 교수학적 사용의 결과로 외재적 수학 개념 지식이 강화된다는 것이다.

8.3.4 수학 교수학적 내용 지식과 수학 교수학적 절차 지식

한국 초등학교 교사의 수학 교수를 위한 지식의 하위 범주인 수학 교수학적 내용 지식과 수학 교수학적 절차 지식은 서로 복잡하게 연결된다. 앞서 설명한 수학 교육과정 지식, 수학 학습자 지식, 기초 수학 개념 지식은 수학 교수학적 내용 지식이라는 통합된 형태로 수학 교수 학습 과정에 영향을 주는 것으로 밝혀졌다. 여기서 가장 중요한 점은 수학 교수학적 내용 지식은 다른 수학 교수를 위한 지식의 하위 범주들의 관계에서 도출된다는 점이다. 즉, 우리는 수학 교수학적 내용 지식은 수학 교수를 위한 지식의 하위 범주들의 교집합에 위치한다고 주장하는 바이다. 이때, 지식의 범주들이 교집합을 형성하기 위해서는 수학 교수학적 절차 지식이라고 이 연구에서 명명한 절차적 지식이 필요하다.

기존의 많은 연구들에서 수학 수업에 있어 교수학적 내용 지식의 중요성을 강조해 온 반면, 교사들이 어떻게 수학 교수학적 내용 지식을 습득하는가에 대한 논의는 부족했다. 이 연구의 결과, 교사들은 수학 교수학적 내용 지식의 형성을 위해 논리적인 절차를 포함하는 다른 종류의 지식을 가진다는 것을 알아냈다. 이 연구는 한국 초등학교 교사들만을 대상으로 한 다중 사례 연구이기 때문에 미국을 포함한 다른 나라 교사들의 수학 교수학적 내용 지식의 획득 과정에 대해서는 추가적인 연구가 필요할 것이다. 그러나 이 연구의 시사점은 교수학적 내용 지식을 교사가 어떻게 형성해나가는가에 대한 새로운 시각을 제공하였으며, 이는 수학 교과뿐 아니라 과학과 역사와 같은 다른 교과 분야의 교수학적 내용 지식의 이해에 대한 기초를 제공해줄 수 있다.

8.4 결론 및 시사점

제1장에서 제시한 개념적 틀을 바탕으로, 우리는 수학 교수 활동을 수업 설계, 교실 수업, 학생 평가의 세 단계로 나누어 살펴보았다. 교사가 가진 다양한 종류의 지식은 서로 의미 있는 방식으로 연결된다는 가정하에, 우리는 11명의 한국 초등학교 교사를 대상으로 면담, 수업 관찰, 수업 지도안 분석 등의 방법을 이용하여 그들의 지식을 분석하였다. 분석 결과, 이 연구에서는 한국 초등학교 교사가 수학 교수를 위해 다섯 가지 범주의 지식을 가지며, 이 범주들은 서로 연관성이 있다는 것을 밝혀냈다. 이 절에서는 이 연구에서 밝혀진 중요한 사실들에 대한 결론 및 시사점에 대해 논의할 것이다.

이 연구는 한국 초등학교 교사의 수학 교수를 위한 지식의 하위 다섯 범주가 수학 수업에 있어 필수적인 역할을 수행한다는 것을 밝혔다. 이는 초등학교 교사의 전문성에 근거를 제시한다. 수학 내용에 대해 깊은 지식을 가지고 있더라도 교육과정 및 학생에 대한 이해가 부족하여 수학 내용을 초등학교 학생 수준에 맞게 제시할 수 없다면, 초등학생을 대상으로 수학을 가르칠 수 없을 것이다.

이 연구의 자료 분석 결과 중 주목할 만한 부분은 수학 교육과정 지식이 한국 초등학교 교사의 수학 교수를 위한 지식의 하위 범주 중 중요한 부분을 차지한다는 점이다.

수학 교육과정 지식은 수학 교수학적 내용 지식을 도출해내는 데에도 필수적인 역할을 하는 것으로 조사되었다. 교사들은 학생들의 수학적 배경을 분석하고, 교실 수업에서 다룰 수학적 개념의 범위를 결정할 때 수학 교육과정 지식을 사용하였다. 이러한 결론은 예비 교사 및 현직 교사를 대상으로 한 교사 대상 연수에 의미 있는 시사점을 제공한다. 교사 연수에서는 교사들로 하여금 국가 수준의 수학 교육과정을 이해하고, 효율적인 수학 수업을 설계하기 위해 수학 교육과정에서 제시하는 학년 내 혹은 학년 간 수학 개념들의 관계를 효과적으로 활용하는 방법을 이해하도록 해야 한다. 또한 한국 초등학교 교사들의 수학 지식 중 중요한 부분 중 하나가 수학 교육과정 지식이라면, 미국 학습 공통 교육과정을 시행하는 미국에서도 교사 연수 시 교사의 교육과정에 대한 이해 부분을 심도 깊게 다루어야 할 것이다.

한국 초등학교 교사들이 수학 수업 및 활동을 설계할 때 학생들의 수학적 배경과 태도에 대한 지식을 활용한다는 점도 주목할 만하다. 한국 초등학교 교사의 수학 학습자 지식은 미국 초등학교 교사들이 가지는 그들의 학생들에 대한 지식과는 다를 수 있다. 이는 한국에서는 국가 수준의 수학 교육과정이 수학 수업에 핵심적인 역할을 수행하기 때문이다. 그러나 한국 초등학교 교사들이 수학 교육과정에 제시된 수업 목표를 바탕으로 그들의 학생들을 이해하려고 노력한다는 점은 미국 교사들에게 의미 있는 시사점을 제공할 수 있다. 미국의 교사들 역시 학생들로 하여금 수학 수업의 목표를 도달하도록 돕기 위해 학생들에 대해 교사들이 알아야 할 부분을 고려할 필요가 있다. 이 책을 통해 우리가 제시한 대로, 그동안 수학 학생에 대한 교사의 지식에 대한 논의가 부족했다. 따라서 교사들이 효율적인 수학 수업을 위해 그들의 학생에 대해 무엇을 알아야 하는지, 그리고 이러한 지식이 수학 수업에 어떻게 활용되는지에 대한 후속 연구가 필요하다. 볼, 템스, 펠프스(Ball, Themes & Phelps, 2008)가 주장한 것처럼, 교사가 학생들의 수학적 이해를 보조하는 방법을 알지 못한다면, 수학 자체에 대해 심도 깊은 지식이 있어도 수학 수업에서는 무의미할 것이다.

한국 초등학교 교사의 수학 교수를 위한 지식의 범주 중 기초 수학 개념 지식 역시 우리가 깊이 있게 살펴보아야 할 지식의 종류이다. 이 연구에서 기초 수학 개념 지식이 수학 수업을 진행하는 데 있어 교사가 필수적으로 가져야 할 지식이라는 점이 밝혀지기는 했지만, 우리는 수학 교육의 본질과 한국 초등학교 교사의 기초 수학 개념 지식이 이 본질에 어떻게 부합하는지에 대한 추가적인 후속 연구를 제안하는 바이다. 수학 교수를 위해 수학 내용 자체에 대한 교사의 지식의 중요성은 오랫동안 강조되어 왔다. 슈워브(Schwab, 1964)는 이미 교사가 교과 내용에 대해 알아야 하는 지식은 사실과 개념, 사실과 개념들이 조직되어 있는 방법, 그리고 교과의 본질을 포함해야 한다고 주장하였다. 따라서 후속 연구에서는 교사의 수학 내용에 대한 지식이 수학의 본질을 얼마나 반영하고 있는가에 대한 분석이 이루어져야 할 것이다.

이 연구에서 주목해야 할 결론 중 하나는 수학 교수학적 내용 지식이 단순히 다른 지식의 하위 범주들의 총합이 아니라는 점이다. 앞서 밝힌 것처럼, 많은 선행연구들은 교실 수업에 있어 교수학적 내용 지식의 중요성을 강조해왔다(예: An, Kulm & Wu, 2004; Thames & Phelps, 2008; Shulman, 1987, et al.). 그러나 교사들이 어떻게 수학 교수학적 내용 지식을 습득하는가에 대한 논의는 부족하였다. 우리는 이 연구에서 한국 초등학교 교사들이 수학 교수를 위한 지식의 다양한 하위 범주들을 토대로 절차적 지식을 활용하여 수학 교수학적 내용 지식을 획득하는 과정에 대한 모델을 제시하였다. 이 모델은 초등학교 교사들이 수학 교육과정, 학생들의 특징, 수학 개념에 대한 심도 깊은 이해가 있어야 할 뿐만 아니라 그들의 다양한 지식들을 연결시키는 방법을 알아야 한다는 점을 보여준다. 이 모델은 또한 초등학교 교사들이 어떻게 교수학적 내용 지식을 증진시킬 수 있는가에 대한 의미 있는 시사점을 제공한다. 수학 교수학적 절차 지식 모델은 다양한 지식의 범주들에서 추출한 정보들을 교사들이 어떻게 연결시켜 교수과정에 반영하는지를 보여준다. 수학 교육자들은 이 연구에서 개발된 모델을 바탕으로 교사들이 수학 교수학적 내용 지식을 증진하는 연수 과정을 개발할 수 있을 것으로 기대한다.

교직 경력이 한국 초등학교 교사의 수학 교수를 위한 지식에 영향을 미친다는 이 연구의 결론 역시 주목할 만한 부분이다. 이 연구에 참여한 교사들은 그들의 교직 경력이 국가 수준의 수학 교육과정에 대한 지식을 증진하는 데 도움이 되었다고 이야기하였다. 따라서 교육부는 경력이 많은 교사가 신규 교사를 위해 멘토링을 해주는 정책을 고려할 만하다. 이때 경력 교사들은 국가 수준의 교육과정에 대한 지식이 풍부한 교사

여야 할 것이다. 미국을 포함한 다른 국가들은 국가 수준의 수학 교육과정을 바탕으로 교사의 교직 경력과 그들의 지식에 대한 심도 깊은 조사를 시행해야 할 것이다.

우리는 이 연구에서 한국 초등학교 교사들의 수학 수업을 위한 다양한 지식의 범주들과 그 범주들 사이의 관련성에 대해 제시하였다. 이 연구의 결론은 수학 수업의 성패는 교사에게 있다는 다른 연구들의 주장과 맥을 같이한다. 이 연구는 기존 연구 흐름에 더해 교사 지식의 하위 범주 및 범주들에 관계에 대한 실증적인 근거를 제시하는 데 기여했다. 초등학교 교사들이 특정한 지식의 범주에 의존하여 수학 수업을 진행하기보다는 다양한 지식의 범주들을 통합적으로 활용한다는 점은 정책 연구가, 교원 연수 진행가, 그리고 교사들에게 의미 있는 시사점을 제공할 것이다. 지금까지, 교사 지식의 하위 범주들에 대한 기본 가정은 지식의 하위 범주들이 서로 독립적이라는 것이다(예: Fennema & Franke, 1992; Shulman, 1987). 따라서 그동안 지식의 하위 범주들의 상관관계는 명확하게 제시되지 못했다(Mark, 1990; Eisenhart, Borko, Underhill, Brown, Jones & Agard, 1993). 그러나 지식의 하위 범주들이 서로 연결되며, 다른 지식의 범주들을 적용하는 데 일정한 기준을 제시한다는 이 연구의 결론은 교사들 스스로가 그들의 지식을 어떻게 사용하는지에 대해 이해하는 데 토대를 제공할 수 있을 것이라 기대한다.

8.5 결어

이 연구의 가장 큰 제한점은 적은 수의 사례들이다. 따라서 이 연구에서 11명의 교사들의 사례를 중심으로 다양한 자료를 검토하여 결론을 도출했어도, 이 결론을 모든 한국 초등학교 교사들에게 일반화하면 안 될 것이다. 우리는 연구의 과정 중 이러한 제한점에 대해 충분히 인지했으며, 연구의 설계에서 이러한 제한점으로 인한 문제점을 최소화하기 위해 노력하였다. 더 많은 사례를 조사했다면 연구의 일반화 가능성은 더 높아졌겠지만 각 참여자에 대한 세밀한 설명을 제공하기는 어려웠을 것이다. 우리는 이 연구의 참여자 기준에 의해 11명의 교사들을 선정하였으며, 각 사례들에 대한 세부적인 소개와 함께 11명의 수업 사례에서 비슷하게 발견되는 패턴을 중심으로 연구를 진행하였다. 이 연구의 결론들이 통계적 절차를 통해 일반화되기는 어렵지만, 질적 연구의 시행에 있어 일반화의 개념에 해당하는 신뢰성, 이동성, 신뢰성, 유사성(Guba and Lincoln, 1983)을 고려하여 연구를 진행하였다.

만일 우리가 초등학교 교사들의 수학 교수를 위한 지식을 규명할 수 있다면 초등교사의 질을 향상하는 것 역시 가능할 것이다. 그러나 이 분야에 실증 연구는 턱없이 부족한 실정이다. 따라서 초등학교 교사의 수학 교수를 위한 지식에 대해 추가적인 연구가 진행되어야 할 것이다. 또 초등학교 교사의 수학 교수를 위한 지식에 대해 연구하는 학자 역시 부족하다. 초등학교 교사의 수학 교수에 필요한 지식에 대한 문헌 연구를 진행하면서, 우리는 동일한 연구자들이 여러 연구들에서 반복적으로 등장하는 것을 발견하였다. 따라서 이 분야에 있어 다양한 연구뿐 아니라 새로운 학자들의 참여가 필요할 것이다. 연구자들의 범위를 넓히는 것은 초등학교 교사들의 수학 교수를 위한 지식에 대한 새로운 시각을 제시하는 데 반드시 필요한 일이다.

이 연구의 결론은 특정한 상황하에 있는 적은 수의 사례를 가지고 도출되었기 때문에 잠정적이라 할 수 있다. 따라서 이 연구의 결론은 더 많은 수의 사례와 함께 양적인 검증을 통해 일반화되어야 할 것이다. 수학 교수를 위한 교사 지식의 하위 범주들에 대한 이 연구의 발견은 후속적으로 진행될 양적연구의 근거를 제공할 수 있다. 또한 이 연구는 한국 초등학교 교사들의 사례만을 중심으로 진행되었다. 따라서 후속 연구에서는 미국뿐 아니라 각 국의 교사들을 대상으로 초등학교 교사 지식에 대한 분석이 진행되어야 할 것이다.

또한 중학교 및 고등학교 교사들을 대상으로 한 후속 연구도 제안하는 바이다. 중학교 및 고등학교 교사들의 수학 교수를 위한 지식에 대한 분석은 국가 수준 수학 교육과정과 교사 지식의 상관관계를 살펴보는 데 유용한 정보를 제공할 것이라 기대된다.

초등수학교육이 학문의 한 분야로 정의된 이래, 수많은 이론가들이 초등학교 학생들의 수학적 이해를 증진시키기 위한 다양한 이론과 방법들을 제시하였다. 그러나 효과적인 수학 수업을 어떻게 제공할 것인가에 대한 의견은 아직 분분하다. 마찬가지로 초등학교 교사의 수학교수를 위한 지식을 하나의 문장으로 제시하는 것은 너무나 어려운 일이다. 따라서 초등학교 교사의 지식을 구성하는 것들에 대한 완벽한 관점은 없다는 것을 이해해야 한다. 그러나 동시에, 우리는 초등학교 교사들의 수학 교수를 위한 지식을 이해하고 이를 발전시키기 위한 노력을 꾸준히 이어나가야 할 것이다.

참고문헌

An. S., Kulm. G., & Wu. Z. (2004). The pedagogical content knowledge of middle school, mathematics teachers in China and the U.S. *Journal of mathematics teacher education. 7*, 145-172.

Anderson, H. & Kim, S. (2003). A missing piece in an elementary school mathematics teacher's knowledge base. *Teacher Education, 12*, 17-23.

Ball, D. L., Thames, M. H., & Phelps, G. (2008). Content knowledge for teaching: What makes it special? *Journal of Teacher Education, 59*, 389-407.

Chinnappan, M., & Lawson, M. J. (2005). A framework for analysis of teachers' geometric content knowledge and geometric knowledge for teaching. *Journal of Mathematics Teacher Education, 8*, 197-221.

Choi, H. J. (2013). *Elementary school parents' dependence on private education.* (Unpublished Master's Thesis). Kyung Sang University: The Republic of Korea.

Delaney, S., Ball, D. L., Hill, H. C., Schilling, S. G., & Zopf, D. (2008). Mathematical knowledge for teaching: Adapting U.S. measures for use in Ireland. *Journal of Mathematics Teacher Education, 11*, 171-197.

Donovan, M. S., & Bransford, J. (Eds.). (2005). *How students learn: Mathematics in the classroom.* Washington: National Academies Press.

Empson, S. B., & Junk, D. L. (2004). Teacher's knowledge of children's mathematics after implementing a student-centered curriculum. *Journal of Mathematics Teacher Education, 7*, 121-144.

Eisenhart, M., Borko, H., Underhill, R., Brown, C., Jones, D., & Agard, P. (1993). Conceptual knowledge falls through the cracks: Complicities of learning to teach mathematics for understanding. *Journal for Research in Mathematics Education, 28*, 8-40.

Erickson, F. (1986). Qualitative methods in research on teaching. In M. C. Wittrock (Ed.), *Handbook of research on teaching* (3rd ed.; pp. 119-161). New York, NY: Macmillan Publishing Company.

Fennema, E., & Frank, M. (1992). Teachers' knowledge and its impact. In D.A. Grouws (Ed.), *Handbook of research on mathematics teaching and learning* (pp. 147-164). New York, NY: Macmillan Publishing.

Golbeck, S. L., & Ginsburg, H. P. (Eds.) (2004). Early learning in mathematics and science: Special issue on early learning in math and science. *Early Childhood Research Quarterly, 19, 1-200.*

Guba, E. G., & Lincoln, Y. S. (1983). Epistemological and methodological bases of naturalistic inquiry. In Madaus, G.F., Scriven, M. and Stufflebeam, D. L. (Eds.). *Evaluation models: Viewpoints on educational and human services evaluation* (pp. 311-334). Norwell, MA: Kluwer.

Hill, H. C., Rowan, B., & Ball, D. L. (2005). Effects of teachers' mathematical knowledge for teaching on student achievement. *American Educational Research Journal, 42*, 371-406.

Hill, H. C., Schilling, S. G., & Ball, D. L (2004). Developing measures of teachers'mathematics knowledge for teaching. *Elementary School Journal, 105*, 11-30.

Kilpatrick, J., Swafford, J., & Findell, B. (Eds.). (2001). *Adding it up: Helping children learn mathematics.* Washington, DC: National Academy Press.

Kleve, B. (2010). Contingent moments in a lesson on fractions. *Research in Mathematics Education, 12*, 157-158.

Ma, L. (1999). *Knowing and teaching elementary mathematics: Teachers'understanding of fundamental mathematics in China and the United States.* Mahwah, NJ: Lawrence Erlbaum Associates.

Mark, R. (1990). Pedagogical content knowledge: From a mathematical case to a modified conception. *Journal of Teacher Education. 41*, 3-11.

National Council of Teachers of Mathematics. (2000). *Principles and standards for school mathematics.* Reston, VA: Author.

Ng, D. (2011). Indonesian primary teachers' mathematical knowledge for teaching geometry: Implications for educational policy and teacher preparation programs. *Asia-Pacific Journal of Teacher Education, 39*, 151-164.

Schwab, J. J. (1964). Structure of the disciplines: Meanings and significances. In: G.W. Ford and L. Pugno, (Eds.), *The structure of knowledge and the curriculum* (pp. 6-30). Chicago, IL: Rand McNally.

Shulman, L. (1987). Knowledge and teaching: Foundations of the new reform. *Harvard Educational Review, 57*, 1-22.

Tanase, M. (2011). Teaching place value concepts to first grade Romanian students: Teacher knowledge and its influence on student learning. *International Journal for Mathematics Teaching and Learning.* Retrieved from http://www.cimt.plymouth.ac.uk/journal/.

■ 찾아보기

Mathematics Teaching and Learning:
South Korean Elementary Teachers' Mathematical Knowledge for Teaching
by Rina Kim, Lillie R. Albert

ISBN: 978-3-319-13541-0

초등학교 수학, 어떻게 가르치지?

지은이 김리나 · 릴리 R. 알버트
펴낸이 조경희
펴낸곳 경문사
펴낸날 2016년 3월 5일 1판 1쇄
등 록 1979년 11월 9일 제313-1979-23호
주 소 121-818, 서울특별시 마포구 와우산로 174
전 화 (02)332-2004 팩스 (02)336-5193
이메일 kyungmoon@kyungmoon.com

값 13,000원

ISBN 978-89-6105-763-9

★ 경문사 홈페이지에 오시면 즐거운 일이 생깁니다.
http://www.kyungmoon.com

한국과학기술출판협회 회원사